KB179030

복희씨가 들려주는
주역 이야기

복희씨가 들려주는
주역 이야기

ⓒ 최영진, 2006

초판 1쇄 발행일 2006년 9월 11일
초판 13쇄 발행일 2022년 4월 15일

지은이   최영진
그림   김현지
펴낸이   정은영

펴낸곳   (주)자음과모음
출판등록 2001년 11월 28일 제2001-000259호
주소   10881 경기도 파주시 회동길 325-20
전화   편집부 (02)324-2347 경영지원부 (02)325-6047
팩스   편집부 (02)324-2348 경영지원부 (02)2648-1311
e-mail   jamoteen@jamobook.com

ISBN 978-89-544-1960-4 (64100)

복희씨가 들려주는
주역 이야기

최영진 지음

㈜자음과모음

책머리에

조선 시대 학생들도 오늘날의 우리처럼 학교에서 교과서를 공부하고, 사회의 지도자가 되기 위해서 고시와 같은 과거 시험에 합격해야 했습니다. 그 시대의 국정 교과서는 사서오경이었습니다. 사서는 《대학》, 《논어》, 《맹자》, 《중용》이며, 오경은 《시경》, 《서경》, 《주역》, 《예기》, 《춘추》입니다. 이 책들은 학교 공부와 과거 시험 교과서일 뿐만 아니라, 정치와 사회 문화 예술 과학 등에 대한 기본 지식을 제공하는 창고였습니다. 이 교과서들 가운데 최고의 책이 바로 《주역》입니다.

'주역'은 주(周)나라 시대의 역이라는 뜻입니다. 주나라는 본래 은나라 서쪽의 부족국가였습니다. 기원전 11세기경 문왕과 무왕이 은나라 왕실을 무너뜨리는 혁명을 통하여 천하를 지배하였는데, 그 혁명의 주체인 문왕과 그의 아들 주공이 《주역》의 괘사와 효사를 지었다고 전해집니다. 그래서 '주역'이라는 이름이 생겨난 것입니다. 《주역》의 '역(易)'은 '변화한다', '바뀐다'라는 뜻을 갖고 있는 한자어입니다. 이 세상의 모든 것이 끊임없이 변화한다는 뜻입니다.

우리 속담에 "음지가 양지되고 양지가 음지된다"라는 말이 있습니다. 자연계에서는 더위가 가면 추위가 오고 추위가 가면 더위가 옵니다. 그리고 인간사에서는 행복이 가면 불행이 오고 불행이 가면 행복이 옵니다. 모든 것은 고정되지 않고 변화한다는 것입니다. 그러나 그 변화는 멋대로 이루어지는 것이 아니라 일정한 법칙이 있습니다. 그것을 '도 (道)'라고 합니다. 도는 '길'이라는 뜻으로 모든 사물과 인간사가 변화해 나가는 길이라는 뜻입니다.

이와 같이 자연과 사람의 삶은 끊임없이 변화하기 때문에 미래에 일어날 변화를 미리 알아야 할 필요가 생깁니다.《주역》은 그 미래를 점치는 책이었습니다. 점이란 미래에 일어날 일을 예측하여 길흉을 판단하고 이에 대응하는 방법을 알기 위하여 치는 것입니다. 이것은 매우 비합리적으로 보일 수 있습니다. 하지만《주역》의 점법은 앞에서 말한 '변화의 도'에 바탕을 둔 것으로, 여기에는 도덕적인 성격과 논리적인 요소가 다분히 들어 있었습니다. 뒷날의 학자들은 이러한 면을 적극적으로 해석하여《주역》의 철학적인 토대를 구축하였습니다. 그리하여《주역》은 동아시아 전통 사회에 있어서 최고의 고전이 되었습니다. 여기에는 수천 년 동안 이루어진 인간과 자연에 대한 지식들이 담겨져 있으며 높은 수준의 철학적 사유가 나타납니다. 동아시아 전통 사회에서 최고의 철학자라고 할 수 있는 주자와 퇴계와 율곡 등의 철학 사상을 성리학이라고 하는데, 이 성리학의 기초 개념인 이, 기라는 용어도 《주역》에 근거한 것입니다.

《주역》은 우리에게 매우 친숙한 책이기도 합니다.

우리나라의 국기가 '태극기(太極旗)'라는 사실을 모르는 사람은 없을 것입니다. 이 '태극'이라는 용어는 바로 《주역》에서 처음 등장합니다. 중앙의 태극 문양은 《주역》의 기본 원리인 음양 사상을 형상화한 것입니다. 그리고 사방에 그려진 네 개의 괘는 《주역》의 8괘 가운데에서 기본이 되는 네 개를 따온 것인데, 하늘을 상징하는 건괘(☰)와 땅을 상징하는 곤괘(☷)가 마주하고 있으며, 불을 상징하는 이괘(☲)와 물을 상징하는 감괘(☵)가 마주 보고 있습니다. 이것도 음양 사상을 형상화한 것입니다.

이와 같이 《주역》을 이해하는 것은 우리의 선조들이 생각했던 자연과 인간의 근본에 대하여 이해하는 일입니다. 뿐만 아니라 《주역》에 담겨져 있는 지혜는 오늘날 우리에게도 삶의 지표를 제공해 줄 것입니다.

2006년 9월
최영진

C O N T E N T S

프롤로그

여러분, 안녕하세요?

저는 서울 세리초등학교 5학년 3반의 반장 이주희라고 합니다. 공부도 잘하고 호기심도 많은 아이이지요.

저는 지금 세상에서 저를 가장 사랑해 주시는 아빠, 엄마와 함께 살고 있어요. 원래는 할아버지도 함께 사셨지만 1년 전에 돌아가셨어요. 그러나 지금도 할아버지가 늘 제 곁을 지켜 주고 계신 것만 같아요.

저와 저희 반 아이들은 요즘 큰 고민에 빠졌어요. 며칠 뒤에 전교생이 모두 참여하는 불우 이웃 돕기를 위한 벼룩시장이 열리기 때문이지요. 각 반마다 얼마나 많은 성금을 모으는지 경쟁을 벌이고, 제일 많은 성금을 모은 반은 교장선생님께 표창장도 받게 돼요.

그런데 뭐가 걱정이냐고요?

5학년 3반의 반장인 저 이주희는 흔하디흔한 건 하기 싫단 말이에요. 다른 반들과 똑같이 각자 집에서 가져온 물건들을 내놓고 팔면 무슨 개성이 있겠어요? 우리 반의 라이벌 반인 4반에서는 먹을거리 장터를 연대요. 떡볶이도 팔고 어묵도 팔고…….

왜 저는 진작 그런 생각을 못했을까요? 만약 할아버지가 계셨더라면 이럴 때 아주 멋진 아이디어를 생각해 내셨을 거예요.

저는 긴급히 학급 회의를 열었어요. 다른 반들과는 차별화된 특별한 행사에 대한 친구들의 의견을 듣기 위해서요.

"놀이판을 벌이는 것은 어떻겠습니까? 윷놀이나 부르마블 같은 게임을 할 수 있게 책상을 마련해 놓고 시간당 돈을 받는 것입니다."

"와! 그거 좋다."

아이들은 부반장 현이가 내놓은 의견에 박수를 치며 찬성했어요. 그런데 재문이가 반대 의견을 냈지요.

"그것은 이미 3학년 어떤 반에서 한다고 들었습니다!"

아이들은 금세 시무룩한 표정을 지었어요.

그 이후 아이들은 몇 가지 의견을 더 냈지만 대부분 다른 반이 이미 계획하고 있는 행사거나 흥미를 끌 만한 점이 없는 행사들뿐이었지요.

"반장! 나 학원 가야 한단 말이야."

"나도 엄마가 빨리 오라셨어!"

"나도, 나도!"

회의가 길어지자 불평하는 아이들이 늘어 갔어요. 사실 저도 집에 일찍 가 봐야 했어요. 그날은 할아버지가 돌아가신 지 일 년이 되는 날이라 제사를 지내야 했거든요. 아침에 학교를 가기 위해 집을 나설 때 엄마가 신신당부하셨어요.

'오늘은 집에 일찍 와서 제사 준비를 도와야 한다!'

할아버지가 돌아가셨을 때 며칠을 울었는지 몰라요. 할아버지는 세상에서 저를 제일 사랑해 주셨어요. 가끔은 저를 무릎에 앉히시고는 '우리 주희는 커서 아주 훌륭한 사람이 될 거다. 아주 큰 사람이 될 거야'라고 하셨죠.

'에이, 할아버지가 어떻게 알아?'

'이 할아버지는 다 안다. 다 알아요.'

할아버지를 생각하니 또 눈물이 나려고 했어요. 저는 이만 학급 회의를 마쳐야겠다고 생각했죠.

"그럼 오늘의 학급 회의는 이만 마치고 내일 다시……."

그 순간 제 머릿속을 스치고 지나가는 놀라운 생각이 있었어요.

'벼룩시장에서 그걸 하면 되겠구나! 이건 모두 우리 할아버지 덕분이다.'

저는 다시 한 번 할아버지가 곁에 계신 것만 같은 생각이 들었어요.

도대체 무슨 생각이냐고요? 히히, 우선은 비밀!

이상한 나라의 주희

 끊임없이 낳고 또 낳는 것을 변역이라고 한다.

— 《주역》 중에서

1 벼룩시장 행사

"벼룩시장에서 점 봐 주기 행사를 벌이면 어떨까요? 요즘 타로점이나 거울점 보기가 유행하고 있다는 사실은 모두 잘 알 것입니다. 그러니 분명 벼룩시장에서도 점 봐 주기 행사를 하면 많은 아이들의 관심을 끌 수 있을 거라고 생각해요. 돌아가신 저희 할아버지는 가끔 가족들의 점을 봐 주시곤 하셨는데 신기하게도 딱딱 들어맞는 것이 아주 재미있었습니다. 할아버지는 늘 어떤 책을 보면서 점을 봐 주셨는데 분명 그 책에 어떤 비법이 쓰여 있을 겁니다. 5학년 3반의 반장인 저, 이주희가 책임지고 그 비법을 알아내서 벼룩시장 행사를 성공적으로 끝마치겠습니다!"

반장인 주희의 의견 발표가 끝나자 드디어 모든 고민이 해결됐다는 표정으로 아이들은 환호성을 질렀다.

"반장, 정말 대단한데? 그런 생각을 해내다니!"

"찬성합니다!"

"저도 이주희의 의견에 찬성합니다!"

모든 아이들이 주희의 의견에 전적으로 찬성했다. 결국 주희의 의견대로 벼룩시장이 열리는 날, 5학년 3반에서는 '점 봐 주기 행사'를 벌이기로 했다. 주희는 어깨가 으쓱했다.

"그럼 이것으로 5학년 3반의 긴급 학급 회의를 마치겠습니다."

땅땅땅!

주희는 신나는 마음으로 집에 돌아왔다.

'얼른 할아버지의 비법이 담긴 책을 찾아내서 읽어 봐야지. 그 책만 있으면 신통하게 점을 볼 수 있어!'

현관문을 열자마자 건넛방으로 직행하는 주희를 보며 엄마와 아빠는 고개를 갸우뚱하셨다.

'여기 어디쯤 있을 텐데?'

주희는 할아버지가 쓰셨던 건넛방의 옷장이며 다락을 샅샅이 뒤졌다.

"주희야, 무얼 그렇게 찾니?"

아빠가 방으로 들어오셨다.

"할아버지의 비법책을 찾고 있어요! 가족들의 점을 봐 주실 때마다 꺼내 보시던 그 낡은 책이요!"

"하하, 《주역》을 말하는 거구나."

"《주역》이요?"

"그래, 그 책이 바로 《주역》이라는 책이란다. 그런데 그건 왜? 네가 보기엔 어려운 책일 텐데……."

"다음 주 학교 벼룩시장에서 점 봐 주기 행사를 벌이기로 했어요. 그 《주역》이라는 책만 있으면 할아버지처럼 점을 볼 수 있지 않겠어요?"

"하하, 《주역》은 저 책상 속에 들어 있다만……. 네가 점을 본다고? 그럼 잘 읽어 보고 어디 한번 점을 봐 보거라. 대신 그것은 할아버지가 가장 아끼시던 유품이니 소중히 다루어야 한다."

아빠는 건넛방 구석에 있는 앉은뱅이책상을 가리키시고는 허허, 웃으시며 방을 나가셨다. 주희는 얼른 책상 서랍 속을 뒤져 보았다. 역시나 그 속에는 살아생전에 할아버지가 늘 손에서 놓지 않으셨던 책이 들어 있었다.

'周易'

한자를 모르는 주희는 그저 그 두 개의 한자가 '주역'이라는 글자일 것이라고 추측했다.

잠시 후 주희는 건넛방에서 눈물로 범벅된 얼굴로 뛰쳐나왔다.

"엄마! 아빠! 어떡해요, 엉엉."

"에구머니나, 무슨 일이냐? 귀신이라도 본 게야?"

아빠는 무슨 일인지 다 알겠다는 표정이었으나 엄마는 깜짝 놀라 주희에게 달려갔다. 주희의 손에는 《주역》이 들려 있었다.

"하나도 모르겠어요! 무슨 소리인지 하나도 모르겠단 말이에요!"

"하하, 그것 때문에 똑똑한 우리 주희가 울음을 터뜨렸단 말이냐?"

주희는 거실에 주저앉아 울기 시작했다.

"어떡해요. 다음 주가 당장 벼룩시장인데 하나도 모르겠어요! 대체 이게 뭐예요! 온통 한자에다가 이상한 기호에다가 전혀 모르는 말들뿐이잖아요."

아빠는 주희의 어깨를 토닥이시며 주희를 달래 주셨다.

"주희야, 주역은 지금으로부터 천 년 전 중국에서 쓰인 거란다. 그리고 지금까지 꾸준히 발전해 온 학문이야. 그런 오랜 역사를 가진 학문을 책 한 번 읽었다고 갑자기 깨달을 수는 없어. 돌아가신 네 할아버지께서도 평생 주역을 공부하셨지만 늘 완벽하게 이해하지는 못하겠다고 말씀하시곤 하셨지. 그러니까 주희야, 우리 차근차근……."

"차근차근은 안 돼요! 당장 다음 주가 벼룩시장이라고요! 엉엉, 저는 어떡하면 좋아요. 할아버지처럼 평생 주역을 공부할 시간이 없다고요! 그리고 이런 책 따위는 공부하고 싶지도 않아요!"

주희가 자꾸 울자 이번에는 엄마가 거드셨다.

"그럼 벼룩시장 때 다른 행사를 하지 그러니."

그러자 주희의 울음소리는 더 커졌다.

"애들한테 큰소리 떵떵 쳐 놨단 말이에요. 이 책만 있으면…… 이 책만 있으면 할아버지처럼 멋지게 점을 볼 수 있을 줄 알고……."

"네가 저질러 놓은 일이니 책임지는 것도 네 몫이다. 그러나 주희가 주역 같은 훌륭한 책을 차근차근 공부하려고 하지 않는 것은 안타깝구나."

아빠는 주희의 맘을 몰라주는 듯 주희에게 스스로 벌여 놓은 일은 책임을 져야 한다고 말씀하셨다. 주희는 픽 토라져 벌떡 일어났다. 그리고는 결심한 듯 말했다.

"몰라요! 저는 그냥 저대로 점을 치겠어요! 할아버지가 했던 대로 대충 따라하면 되겠죠, 뭐!"

2 엉터리 점쟁이

드디어 벼룩시장이 열리는 날이 되었다. 주희의 표정에는 근심 걱정이 가득했다.

주희가 학교를 가려고 나서자 아빠와 엄마도 대문까지 주희를 배웅해 주셨다.

"정말 점을 볼 수 있겠니? 이 엄마가 학교까지 따라가 줄까?"

"제가 초등학교 1학년인가요?"

"주희야, 명심해라! 절대 거짓말은 안 된다. 알았지?"

아빠의 말씀에 주희는 그저 고개를 살짝 끄덕일 뿐이었다.

학교에 도착하니 운동장은 전교생이 모두 나온 듯 시끌벅적했다. 하늘에는 만국기도 휘날렸다.

"우와! 운동회 때보다 더 신나는 분위기야!"

"우리 반이 오늘 꼭 1등을 해야만 해!"

"그래, 맞아! 우리는 반장 주희만 믿는다!"

반 아이들은 저마다 신나게 떠들었지만 주희의 표정은 어둡기만 했다. 5학년 3반이 배정받은 자리는 다른 반들이 제일 탐냈던 운동장 한가운데 자리였다. 반장 주희가 자리 차지 제비뽑기를 잘한 덕분이었다.

"와! 주희 만세! 반장 만세!"

3반이 최고의 '명당'을 차지하게 되는 순간 3반 아이들은 주희에게 환호성을 보냈었다.

주희는 소품도 여러 가지 준비해 왔다. 할아버지가 책을 볼 때 쓰시던 돋보기, 앉은뱅이책상, 《주역》, 붓과 벼루 등이었다. 돋보기를 쓰고 앉은뱅이책상에 앉아 붓으로 무언가 쓰는 척을 하거나 《주역》을 보는 척하니 정말이지 그럴 듯한 점쟁이의 모습이 되었다.

"우와! 우리 반장 최고다!"

"진짜 점쟁이 같아! 오늘 1등은 우리 반 차지다!"

주희 옆으로는 같은 반 친구이자 '타로 여왕'이라고 불리는 선희가 자리를 차지하고 앉았다.

선희는 몸이 약해서 체육 시간마다 운동장 구석에 앉아 친구들의 체육 활동을 구경하기만 하는 아이였다. 선희와 주희는 이름과 생김새가 비슷해 자매 같다는 소리를 많이 들었다. 하지만 사실 주희는 선희를 둘도 없는 라이벌로 생각하고 있었다. 우열을 가릴 수 없을 정도로 서로 비슷하게 공부를 잘하는 까닭도 있었지만 무엇보다도 선희가 성격이 착해서 반 친구들로부터 인기를 얻는 것이 주희는 영 마음에 들지 않았던 것이다.

주희가 반장으로 선출되고 친구들 사이에서 점점 선희만큼 인기를 끌게 되자 선희는 다음 날부터 타로 카드를 들고 다니며 아이들의 타로점을 봐 주기 시작했다. 그런 선희의 모습이 주희는 더욱 못마땅했다.

"오늘 절대 선희에게 져서는 안 돼! 선희보다 더 많은 손님을 끌 거야!"

주희는 마음속으로 다짐했다.

"지금으로부터 세리초등학교의 불우 이웃 돕기 자선 벼룩시장을 시작하도록 하겠습니다. 땅!"

달리기 경주 때나 들을 수 있는 총소리와 함께 벼룩시장이 시작되었다. 물건을 팔거나 행사를 진행하지 않는 대부분의 아이들은 자신에게 필요한 물건이 없는지, 재밌는 행사는 없는지 우르르 몰려다니며 신나게 구경하기 시작했다.

우선 제일 먼저 인기를 끈 것은 4반의 먹을거리 장터였다.

"맛있는 떡볶이 팝니다! 한 접시에 200원이에요!"

"굶은 채로 장 보지 마세요! 쫄깃쫄깃한 어묵이 하나에 50원입니다!"

아침밥을 못 먹고 학교에 온 아이들이 대부분이라 그런지 떡볶이며 어묵, 튀김은 불티나게 팔려 나갔다. 그러나 준비해 온 음식은 곧 바닥났고 그 자리에서 음식을 만드는 속도도 너무 느려서 곧 불만이 터져 나왔다. 아이들은 하나 둘 먹을거리 장터를 떠났다.

그다음으로 인기를 끈 것은 3학년의 한 반이 벌인 놀이판이었다.

"친구들과 함께 놀러 와서 게임하고 가세요!"

"음료수는 공짜로 드립니다! 재미있는 부르마블 하세요!"

아이들은 삼삼오오 모여서 부르마블이나 윷놀이를 하거나 장기와 바둑을 두었고, 자리와 놀이 도구 사용비로 30분당 200원씩을 냈다. 그러나 놀이를 하고 싶어 하는 아이들은 많은 반면에 놀이 도구와 자리는 턱없이 부족하여 많은 아이들이 참여할 수 없었다.

 그 밖에도 집에서 더 이상 못 입는 동생 옷이나 동생 장난감을 저학년 학생들에게 파는 아이들, 자신이 안 쓰는 학용품을 파는 아이들, 솜씨를 발휘해 고장 난 시계나 MP3를 고쳐 주는 아이들도 있었다.

 5학년 3반의 점 봐 주기 행사에도 곧 구경꾼들이 몰려들었다. 주희보다 먼저 선희한테 손님이 왔다. 초등학교 4학년짜리 귀여운 여자 아이였다.

 "타로점 봐 주세요."

 선희는 여자 아이에게 점치고 싶은 궁금한 부분을 머릿속으로 상상하게 했다. 그런 다음 능숙한 솜씨로 타로 카드를 잘 섞었다가 일렬로 쫙 늘어놓은 뒤 여자 아이에게 한 장을 고르라고 했다. 그리고 아이가 고른 한 장을 제외한 카드들을 다시 잘 섞었다가 일렬로 늘어놓은 뒤 다시 한 장을 고르라고 했고 그 과정을 한 번 더 반복했다.

 아이가 고른 세 장의 카드에는 특이한 그림들이 그려져 있었다. 주희는 흘끔흘끔 선희가 타로점 치는 모습을 구경했다.

선희는 무언가 고민에 빠진 듯한 얼굴로 잠시 생각하더니 조곤조곤 점괘를 말하기 시작했다.

"자, 점괘가 나왔습니다. 이 카드를 보세요. 이건 과거를 상징하는 카드이고 이건 현재를 상징하는 카드, 또 저건 미래를 상징하는 카드예요. 아마도 전에 큰 상을 받은 적이 있는 것 같네요. 그래서 기뻤는데 현재는 오히려 그 상 때문에……."

선희의 점괘를 곰곰이 듣던 여자 아이는 금세 밝은 표정이 되었다.

"맞아요! 맞아! 꼭 맞아요! 정말 신기하네요!"

복채는 백 원이었다.

여자 아이는 아깝지 않은 듯 선희의 앞에 놓여 있는 작은 돈 바구니에 백 원짜리 하나를 땡그랑 떨어뜨리고는 '너무 잘 맞는다!'라고 말하며 자리를 떴다.

주희는 진심으로 선희가 부러웠고 한편 짜증이 나기도 했다.

"흥! 저 정도 말은 나도 할 수 있다. 대체 뭐가 잘 맞는다고!"

타로점을 보고 간 여자 아이가 입소문을 냈는지 곧 선희에게 타로점을 보려는 아이들이 우르르 몰려들었다. 타로점을 본 아이들은 하나같이 너무 잘 맞는다며 신기해했다.

"타로점은 너무 많이 기다려야 되네? 그런데 주역점은 뭐지? 저거나 볼까?"

드디어 6학년 언니가 주역점을 보기 위해 주희에게 다가왔다. 3반 아이들은 드디어 주희의 점치는 솜씨를 볼 기회라며 근처로 몰려들었다.

주희는 설레는 마음으로 돋보기안경을 썼다. 그리고 무슨 말인지 하나도 알 수 없는 《주역》을 아무데나 펼쳐 놓고 붓을 집어 들었다.

"마음속으로 자신이 바라는 소망을 말하세요."

주희는 마치 생전의 할아버지가 그러셨던 것처럼 손님에게 마음속으로 소망을 말하라고 했다. 그리고는 그럴 듯한 자기 모습에 스스로 감탄했다.

주희는 마치 무언가를 찾는다는 듯 《주역》을 뒤적거렸다. 그리고는 곰곰이 생각하는 표정을 짓기도 하고 또 붓으로 종이에 알 수 없는 글자를 끼적이기도 했다.

한참이 지난 뒤에야 주희는 결심한 듯 점괘를 말하기 시작했다.

"음……, 외동딸이군요! 어렸을 때 외롭게 자랐겠네요. 부모님들은 좋은 분들이세요. 아마 커서는……."

"뭐야? 나 외동딸 아닌데?"

6학년 언니는 이상하다는 표정으로 고개를 갸우뚱거렸다.

"아…… 그, 그래요? 이상하다. 점괘에는 분명히 그렇게 나와 있는데, 음…… 그, 그럼 그림을 잘 그리죠? 앞으로 화가가 될지도……."

"아니요? 그림은 전혀 못 그리는데요?"

"아하하…… 그, 그래요? 이, 이상하네요……."

주희가 계속 당황하며 말을 잇지 못하자 반 아이들도 웅성거리기 시작했다.

"뭐야, 반장!"

"점 볼 줄 모르나 봐!"

주희의 등에서는 식은땀이 흘렀다.

"그, 그럼 고향에서 멀리 떨어져 살고 있네요. 언젠가는 고향으로 돌아가 살게 될 것입니다."

"그건 또 무슨 소리예요? 이거 하나도 못 맞추잖아?"

6학년 언니가 큰 소리로 화를 내자 아이들이 우르르 몰려들었다.

"무슨 일이래?"

"응, 저기 3반 점 보는 행사에서 점을 봤는데 하나도 못 맞춘대."

주희는 빨개진 얼굴로 고개를 숙였다.

'이상하다. 분명 할아버지가 하셨던 대로 했는데, 왜 하나도 못 맞춘다는 걸까?'

"난 돈 못 내요!"

6학년 언니는 황당하다는 표정으로 벌떡 일어나 가 버렸다. 반 아이들 역시 황당하다는 표정으로 주희를 노려보았다.

"어떡해. 이제 점 보러 아무도 안 오겠네. 오늘 벼룩시장에서 우리 반이 꼴찌 하는 거 아니야?"

"그러게 말이야."

반 아이들이 웅성거리자 선희가 작은 목소리로 말했다.

"아니야. 처음인데 실수할 수도 있지 뭐. 그래도 내 타로점은 잘 맞으니까 꼴찌는 안 할 거야. 나만 믿어!"

주희는 그런 선희가 얄미워 도저히 참을 수 없었다. 그렇지만 반 아이들의 따가운 시선 때문에 주희는 더 이상 자리에 앉아 있을 수가 없었다. 반장 체면이 깎인 것 같아 너무 부끄러웠던 주희는 자리에서 일어났다.

"나 화, 화장실 좀 다녀올게."

하지만 주희의 말에 아무도 신경 쓰지 않았다. 주희는 《주역》을 허리에 끼고 조용히 화장실로 달려갔다.

3 변기 속으로!

주희는 화장실 변기 위에 앉아 돌아가신 할아버지를 곰곰이 생각했다. 돋보기를 쓰고 어려운 한문책을 읽으며 점을 봐 주시던 할아버지는 정말 멋있으셨다.

'우리 주희는 나중에 정말 훌륭한 사람이 될 거야. 아무렴. 그렇고말고.'

'주희는 나중에 학자가 될 거다. 그러니 공부를 열심히 해야 한다.'

주희는 할아버지에게 들었던 말들이 귀에 생생히 울려 퍼지는 듯했다. 주희는 조심스레 《주역》을 펴 보았다.

'역시 아무리 봐도 모르겠어.'

주희는 울먹이면서 책을 덮었다. 온통 어려운 말들뿐이었다.

'이제 부끄러워서 반 아이들을 어떻게 보지?'

주희는 한숨을 내쉬었다.

그때 《주역》을 넘기던 주희의 손이 멈췄다.

"앗! 이 기호는……?"

할아버지께서 생전에 자주 그리시던 기호였다. 무슨 뜻인지는 알 수 없었지만 많이 봐 왔던 것이라 익숙했다. 마치 우리나라의 태극기 한가운데에 그려져 있는 태극을 180도 돌려놓은 듯한 모양이었다. 주희는 태극 모양을 손가락으로 더듬어 보았다. 할아버

지의 냄새가 나는 듯했다. 할아버지는 태극 모양을
자주 그리시면서 "역에는 태극이 있는데 이것
이 양의를 낳는단다"라는 이해하지 못할 어
려운 말씀을 하시곤 하셨다.

"할아버지! 양의가 뭔데요?"

주희가 할아버지의 어깨에 매달려
앙증맞게 물으면 할아버지는 수염을 만
지시면서 허허 웃으셨다.

"역시 우리 주희는 궁금
한 게 많구나. 양의라
는 건 두 개의 효, 즉
양효와 음효를 가

리키는데 자연과 인간과 사회를 구성하는 모든 사물들과 운동을 상징하는 기호란다."

"무슨 말씀인지 모르겠어요……."

어린 주희는 할아버지의 말씀에 고개만 갸우뚱거릴 뿐이었다.

지금 변기에 앉아 있는 주희는 그때 조금만 더 할아버지의 말씀에 귀를 기울이고 공부할 걸, 하는 후회를 하고 있었다. 그리고 자신도 모르게 태극 무늬에 손을 올리고 중얼거렸다.

"역에는 태극이 있는데 이것이 양의를 낳는다."

"역에는 태극이 있는데 이것이 양의를 낳는다."

"역에는 태극이 있는데 이것이 양의를 낳는다."

그때였다.

"으아아악! 으아아악! 살려 주세요!"

주희는 자신의 몸이 갑자기 흐물흐물해지는 것을 느꼈다. 주희는 깜짝 놀라 몸부림을 쳤지만 손과 발은 계속해서 흐물흐물해졌고 곧 형체가 사라져 갔다. 그리고 주희의 몸은 빠르게 변기 속으로 빨려 들어갔다.

"으아악! 주희 살려! 살려 주세요!

주희의 울음소리가 화장실에 울려 퍼졌다. 그러나 아무도 주희의 목소리를 듣지 못했다.

주희는 자신의 몸이 어디론가 한없이 빨려 들어간다는 것을 알 수 있었다. 쌩쌩 바람 소리가 주희의 귓가를 때렸다. 그러나 도무지 멈출 줄을 몰랐다.

주희는 아마도 끝이 없는 세계로 가고 있는 모양이었다.

어느 순간 주희는 몸이 허공 위로 붕 뜨는 듯한 느낌을 받았다. 그리고 곧 주위가 고요해지자 주희는 깊은 잠에 빠졌다.

"어? 내가 깜박 잠이 들었었나 보네."

정신을 차린 주희는 제일 먼저 자신의 손과 발을 확인했다. 다행히도 멀쩡한 모양으로 붙어 있었다.

"휴, 기분 나쁜 꿈을 꾼 모양이야."

꿈에서 보았던 흐물흐물해진 손과 발의 모습은 정말이지 끔찍했다.

"어? 그런데 여기는 어디지?"

그제야 주위를 둘러본 주희는 깜짝 놀라고 말았다. 주위의 풍경은 집도, 학교도, 학원도 분명히 아니었다. 주희는 황량하기 짝이 없는 진흙 위에 누워 있었고 아무리 둘러봐도 낯익은 건물은 보이지 않았다.

4 오늘만 있는 나라

"너는 누구냐?"

"옷차림이 수상한데?"

잠시 후, 주희는 자신의 몸에 그림자가 드리워지는 것을 느꼈다. 눈을 떠 보니 원시인 같은 복장을 한 두 사람이 주희의 앞에 서서 수군거리고 있었다. 주희는 무섭다는 생각보다 기쁨이 더 컸다.

"도와주세요! 저는 서울 세리초등학교에 다니는 이주희라고 해요. 어쩌다 보니 이곳으로 오게 되었어요. 경찰서로 저를 데려가 주세요."

자세히 보니 두 사람은 심하게 얼굴을 찡그린 채로 주희를 노려보고 있었다. 주희는 순간 두렵다는 생각이 들었으나 다른 방법이 있는 것도 아니었으므로 그들에게 매달릴 수밖에 없었다.

"제발 도와주세요. 전화라도 좀 빌려 주세요."

"아이, 귀찮아."

"아이, 귀찮아."

두 사람 중에 키가 큰 사람이 '아이, 귀찮아'라고 하자 키가 작은 사람도 '아이, 귀찮아'라고 말했다.

"어떻게 하지?"

"나는 몰라. 그냥 추장님한테 데리고 가자."

"그럼 따라오시오."

한참 이야기를 주고받던 두 사람은 주희를 향해 따라오라는 손짓을 했고 주희는 얼른 일어나 두 사람의 뒤를 졸졸 따랐다. 그러나 두 사람의 걸음은 터무니없이 느렸다. 마치 아무것도 할 일이 없는 게으른 사람들 같았다.

주희는 그 사람들과 앞서거니 뒤서거니 하며 주위의 풍경을 구경하면서 천천히 걸었다. 그러나 어느 순간 불안한 생각이 들기 시작했다. 주변에는 정말 아무것도 없이 황량한 숲과 벌판만이 펼쳐져 있기 때문이었다.

두 사람이 주희를 데리고 간 곳은 사람이 살고 있다는 마을이었다. 마을의 모습을 본 순간 주희는 깜짝 놀라고 말았다.

"여기서 정말 사람이 산단 말이에요?"

제대로 된 집 하나 없는 마을에서 사람들은 나뭇잎을 바닥에 깔고 그 위에서 살고 있었다. 나무로 지은 집도 몇 채 보였지만 금방이라도 무너질 것만 같았고 나뭇잎으로 만든 옷을 입고 있는 사람들은 거의 벌거벗은 것과 다름없었다. 주희는 어디선가 본 듯한 모습이라는 생각이 들었다.

'아! 맞아! 공상 만화에서 본 원시시대의 모습과 정말 똑같네? 아마도 나는 과거로 와 버렸나 봐. 기왕이면 미래에 가 보고 싶은데.'

주희는 자신이 타임머신을 타지는 않았지만 변기 속으로 빨려 들어가면서 과거로 오게 된 것이 아닐까 싶었다.

주희는 모험심이 강하고 용감한 아이였기 때문에 나중에 다시 미래로 돌아가서 가족들이나 반 친구들에게 해 줄 이야기가 생겼다는 사실에 마냥 신이 났다.

"지금이 몇 년도죠?"

주희가 묻자 두 사람은 고개를 가로저었다.

"그런 건 몰라요."

"나도 몰라요."

그때 백발노인이 주희의 앞에 나타났다.

"내가 이 마을의 추장이오. 반갑소. 지금은 아마도 서기 2006년쯤 될 것이오. 잘은 모르겠소만."

"네? 서기 2006년이라고요? 그럴 리가."

주희는 고개를 설레설레 흔들었다. 그럴 리가 없다. 자신이 살고 있는 2006년에 이런 낙후된 마을이 있다니. 주희는 세계 오지 탐험 같은 프로그램을 생각해 보았다. 아직도 세계 곳곳에는 원시시대처럼 살고 있는 곳도 많았다.

'그럼 그중에 한 곳으로 내가 납치된 건가?'

"그럼 저를 한국으로 데려가 주세요. 그곳이 제가 살고 있는 곳이에요."

"여기가 바로 한국입니다."

"네?"

주희는 또다시 놀랄 수밖에 없었다. 여기가 바로 한국이라니. 대

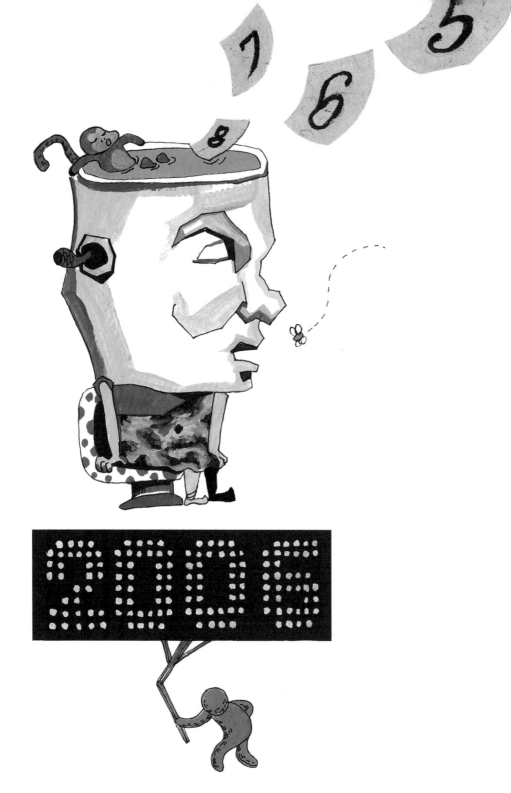

체 어떻게 된 일일까?

주희의 놀란 표정을 보더니 추장은 다시 말을 이었다.

"여기는 서기 2006년의 한국이 맞습니다. 물론 확실하진 않지요. 기록해 두지 않았으니까요. 저희는 아는 것이 많지 않습니다. 공부도 하지 않고 기록도 해 두지 않고 겨우겨우 하루하루를 살고 있지요. 물론 불편한 점은 있습니다. 작년에는 농사를 지어 보았는데 농사짓는 법을 기록해 두지 않아서 어떻게 짓는지 알 수 없었습니다. 그래서 결국 실패했습니다. 그런데도 작년에 왜 실패를 했었는지 또 적어 두질 않아 올해에도 똑같이 실패하고 말았습니다. 먹을 것이 좀 부족하긴 하지만 내일이면 또 어떻게 되겠지요. 우리는 별로 내일을 걱정하지 않습니다. 내일은 또 무슨 수가 나겠지요."

그러나 내일 일을 걱정하지 않는다는 마을 사람들의 표정은 죄다 찡그려져 있었다. 잘 먹지 못해 심하게 말라 있었고 아이들은 늘 배가 고파 울고 있었다.

주희는 자신이 살았던 한국이 얼마나 행복한 곳이었는지 깨달았다. 한국 사람들은 아침에 오늘의 날씨를 알아보고 우산을 챙긴다. 또한 어떤 일을 할 때 과거의 기록을 살펴보므로 성공에 이르게 되고, 과거의 잘못을 거울삼아 똑같은 실수를 저지르지도 않는다.

'이곳 사람들에게는 오늘만이 중요하구나. 어제를 모범으로 해서 오늘 열심히 살 생각도 하지 않고 내일 있을 일을 미리 대비하지도 않고……. 이렇게 사는 것과 짐승의 삶이 뭐가 다를까?'

주희는 깊은 고민에 빠졌다.

꼬르륵!

주희의 배에서 들려오는 소리였다. 주희는 아침부터 아무것도 먹지 못했던 것이다.

'이 사람들에게 나한테 나눠 줄 식량이 있을 리 없지. 내가 직접 찾아보는 수밖에.'

주희는 몰래 마을을 빠져나와 숲으로 향했다.

숲에는 마을 사람들이 아직 발견하지 못한 산딸기가 약간 남아 있었다. 그것을 따 먹고 나니 주희는 눈물이 나오려 했다.

'내가 왜 이런 곳에 오게 된 걸까? 나는 아무것도 잘못한 것이 없는데. 나는 이제부터 저들과 함께 짐승과도 다름없는 생활을 해야 하는 걸까? 과거를 기록해 두지도 않고 내일도 전혀 대비하지 않는 그런 인생을 살아야 하는 걸까? 그나저나 벼룩시장은 어떻

게 됐을까? 내가 없어진 것을 알고 친구들은 깜짝 놀랐겠지? 엄마, 아빠도…….'

주희는 다시 마을로 돌아가고 싶지는 않았다. 그래서 자신이 처음 깨어난 곳으로 다시 가 보기로 했다. 집으로 돌아갈 수 있는 방법이 떠오를지도 모르니까.

"앗! 이것은?"

주희는 자신이 깨어난 곳과 얼마 떨어지지 않은 곳에서 무언가를 발견하고는 얼른 뛰어가 보았다.

'周易'

자신이 변기 위에서 들춰 보고 있던 책이었다.

'휴, 다행히 잃어버리진 않았구나.'

할아버지의 유일한 유품이라 생각한 주희는 기쁜 마음에 책을 꼭 끌어안았다. 그리고는 하염없이 눈물을 흘렸다.

'할아버지! 보고 싶어요!'

그때였다.

순간 불이 번쩍하더니 주희의 몸이 하늘로 붕 떠올랐다.

"으아아악! 살려 주세요! 주희 살려!"

그러나 주희의 목소리는 허공으로 흩어질 뿐이었다. 아무도 주희의 목소리를 듣지 못했다.

주희는 자신의 몸이 어디론가 한없이 빨려 올라간다는 것을 알 수 있었다. 주희는 마치 〈오즈의 마법사〉의 도로시가 된 듯한 느낌이 들었다.

"으악! 살려 주세요!"

태풍이 휘몰아치는 듯 주희는 자신의 몸을 가눌 수가 없었다. 쌩쌩 바람 소리가 주희의 귓전을 때렸다. 그러나 도무지 멈출 수 없었다.

어느 순간 주희는 허공 속에서 몸이 붕 뜨면서 편안해짐을 느꼈다. 그리고 또다시 주위가 조용해지자 주희는 깊은 잠에 빠졌다.

그렇게 얼마나 시간이 흘렀을까.

"야! 이주희! 문 좀 열어!"

"반장! 나 급하단 말이야!"

아이들 여러 명이 한꺼번에 문을 쾅쾅 두들기는 소리에 주희는 겨우 정신이 들었다.

5 괜찮아 상

"야! 이주희! 변기 속에 빠졌냐?"

"어서 나와! 벼룩시장 다 끝나 간단 말이야!"

주희는 눈을 비비며 정신을 차리려고 노력했다. 그리고 주위를 두리번거리며 보았다.

'여…… 여기는 화, 화장실이다!'

주희는 순간 눈을 번쩍 떴다. 화장실 안 변기 위에 앉아 있던 주희는 정신을 가다듬고 밖에서 들려오는 소리에 귀를 기울였다.

"주희야! 벌써 30분째야! 거기서 뭐 하는 거야?"

"빨리 나와."

문 밖에서 들려오는 소리는 분명히 선희와 반 아이들 목소리였다. 주희는 변기 위에서 벌떡 일어났다.

'그럼 내가 꿈을 꾼 거란 말이야? 믿을 수 없어. 너무나 생생했는걸.'

주희는 조심스럽게 화장실 문을 열었다.

"어머! 너 변기에 앉아서 잤구나?"

"침 좀 닦아! 이주희! 호호."

우르르 몰려온 반 여자 아이들이 주희를 보고 하나같이 깔깔거리며 비웃었다.

"점 보다가 화장실에 간 네가 아무리 기다려도 안 오기에 다 같이 와 본 거야. 결국 여기 숨어 있었구나?"

주희는 여자 아이들에게 떠밀려 운동장으로 나왔다.

주희를 기다리던 아이들의 표정은 하나같이 짜증이 가득했다.

"반장! 뭐야! 이제 벼룩시장도 거의 끝나 가!"

"우리 반이 꼴찌 하게 생겼다고!"

"너무 무책임한 거 아니야?"

주희는 고개를 들 수 없었다. 정말 벼룩시장이 끝나 갈 시간이 다가오고 있었다.

주희가 자리에 앉자 몇 명의 아이들이 점을 보려고 몰려들었다.

"여기, 백 원이요. 어서 점을 봐 주세요."

주희는 쩔쩔매며 《주역》을 펼쳐 보았지만 여전히 아무것도 알 수 없었다. 주희는 어쩔 수 없다는 듯 한숨을 내쉬었다.

그리고는 고개를 푹 숙이고 개미 기어가는 소리로 대답했다.

"모…… 모르겠어요."

"네?"

점을 보러 온 아이는 황당하다는 듯이 되물었다.

"아무것도 모, 모르겠어요. 점은 못…… 봐요."

반 아이들이 웅성거리기 시작했다. 그리고는 주희를 향해 한마디씩 하기 시작했다.

"역시 반장을 믿는 것이 아니었어!"

"그렇게 큰소리를 떵떵 치더니!"

"정말 실망이야!"

주희는 도저히 고개를 들 수 없었다. 반장 체면은 땅에 떨어진 지 오래였다.

곧 벼룩시장이 끝났음을 알리는 신호가 울렸다.

"자, 이제 벼룩시장이 모두 끝났습니다. 각 반 학생들은 행사 장소를 깨끗이 정리한 뒤, 모두 운동장 가운데로 모여 주세요. 곧 시상이 있겠습니다."

방송이 나오자 5학년 3반 아이들은 투덜거리며 청소를 하기 시작했다. 주희도 고개를 푹 숙인 채 묵묵히 청소를 했다.

잠시 뒤, 시상식을 위해 전교생이 운동장 가운데 줄을 맞추어 섰다.

"자, 이제 불우 이웃 돕기 성금을 가장 많이 모은 반을 발표하도록 하겠습니다. 성금을 가장 많이 모아서 '잘했어 상'을 받을 반은 바로, 먹을거리 장터를 벌인 5학년 4반!"

"와아!"

4반 아이들은 서로를 부둥켜안고 기뻐했다. 라이벌 반인 4반이 '잘했어 상'을 받게 되자 3반 아이들은 하나같이 충격을 받은 듯했다.

"그리고 다음 불우 이웃 돕기 벼룩시장을 더욱 성실히 준비하고 분발하라는 뜻에서 성금을 가장 적게 모은 반도 '괜찮아 상'을 주도록 하겠습니다!"

행사의 진행을 맡은 선생님이 '괜찮아 상'이라고 말하자 전교생이 동시에 웃음을 터뜨렸다.

"하하, '괜찮아 상' 이래."

"어떤 반이 탈지 몰라도 정말 부끄럽겠다!"

"자자, 조용히 하세요. '괜찮아 상'을 받을 반은 점치기 행사를 벌인 5학년 3반!"

　발표가 나는 순간 전교생들은 또다시 웃음을 터뜨렸고 반면에 3반 아이들은 찬물을 끼얹은 듯 조용해졌다.

　반장 주희는 얼굴이 빨개졌다. 전교생이 모두 자기만 쳐다보고 있는 것 같아서였다.

음양의 법칙(1)

　우리가 올바른 문장을 짓기 위해서는 반드시 지켜야 할 법칙이 있습니다. 이것을 '문법'이라고 합니다. 문법이란 문장의 법칙이라는 뜻입니다. 이러한 법칙은 문장뿐만 아니라 생각과 행동에도 있습니다. 우리가 올바르게 생각하기 위하여 지켜야 할 법칙을 '논리'라고 합니다. 그리고 우리가 올바르게 행동하기 위하여 지켜야 할 법칙을 '윤리'라고 합니다. 즉 논리와 윤리는 사유의 법칙, 행위의 법칙입니다. 이 법칙들을 어기면 우리는 생각과 행위에 있어 오류(잘못)를 범하게 됩니다. 그러므로 이 법칙이 무엇인지를 밝히는 일이야말로 철학의 핵심적인 과제라고 할 수 있습니다.

　《주역》에서 제시하는 논리와 윤리는 무엇일까요? 그것은 '음양의 법칙'입니다. 《주역》〈계사전〉 5장에서 "한 번은 음적인 방향으로 운동하고 한 번은 양적인 방향으로 운동해 나가는 것이 모든 사물이 변화해 나가는 길이며, 이 길을 이어받는 것이 선이다"라고 말합니다. 어두운 밤이 지나가면 환한 낮이 오고 낮이 지나면 다시 밤이 오는 것처럼 순환적으로 발전해 나가는 것이 모든 사물들이 변화해 나가는 '길' 즉 세계의 보편적인 운동 법칙이라는 것입니다. 그리고 그 이 법칙을 따라서 살아가는 것이 사람이 가야 할 올바른 길이라는 것입니다.

　이러한 생각은 《주역》이 만들어질 때부터 있었습니다. 《주역》이라고 하는 책은 글자가 아니라, 8개의 괘에서부터 시작되었습니다. 그런데 괘는 —와 --, 즉 양효와 음효라고 하는 기호가 3개씩 조합하여 구성됩니다. 양효와 음효는 《주역》을 이루는 기초적 요소입니다. 그러므로 양효와 음효가 가지고 있는 의미야말로 《주역》 철학의 기본이 되는 것입니다.

　그렇다면 음양은 무엇인가요? 음양은 《주역》에서 '대대(對待) 관계'를 나타내는 것으로 사용됩니다. '대대'란 '서로 마주하며 기다린다'라는 의미로서 지금은 일상어로 사용하지 않으나 조선 시대의 문집에서는 자주 발견되던 용어입니다. 이 말은 우리가 보통 사용하는 '반대', '대립', '모순' 등과 비슷하지만 근본적으로는 다릅니다. 양과 음은 본래 '산기슭에서 햇빛이 비치는 곳과 그늘진 곳'을 가리키는 문자입니다. 여기에서 우리가 주목해야 할 점은 빛과 그림자의 관계입니다. 그림자가 있는 반대편에는 반드시 빛이 있고 빛이 있는 반대편에는 반드시 그림자가 있습니다. 이것은 음이라는 개념에 이미

양이 들어 있고, 양이라는 개념에는 이미 음이 들어 있다는 것을 알려 줍니다. 그러므로 두 개의 개념 가운데 하나가 없어지면 다른 하나도 사라지는 것입니다.

예를 들어 보겠습니다. 처음 하느님이 아담을 만드셨을 때 아담은 남자였을까요, 여자였을까요? 아담은 사람일 뿐입니다. 이브를 만들었을 때 비로소 이브라는 여자의 짝으로서 남자라는 명칭이 생긴 것입니다. 즉 남자가 있어야 여자가 있고 여자가 있어야 남자가 있는 것입니다. 밝음/어둠, 앞/뒤, 행복/불행, 나간다/물러선다, 사람/자연 등등이 그 예입니다. 이와 같은 관계에 있는 개념은 모두가 대대 개념이라고 말할 수 있습니다.

그러므로 대대 관계에 있는 존재는 경우에 따라 서로 적대적 관계에 있는 것처럼 보일지라도 절대 상대방을 부정할 수는 없습니다. 상대방의 부정은 곧 자신의 부정이기 때문입니다.

주희 VS 선희

 역은 음양을 말하는 것이다.

― 장자

1 얄미운 그 애, 선희

"으앙!"

현관문을 박차고 들어온 주희는 가방을 내려놓자마자 방으로 들어간 뒤 '꽝' 하고 문을 닫아 버렸다.

"오늘 벼룩시장에서 무슨 일이 있었나 봐요."

"그러게 말이오."

주희의 엄마와 아빠는 걱정스러웠다.

"당신이 한번 들어가서 이야기 좀 해 보구려."

아빠의 말에 엄마는 조심스럽게 주희의 방문을 열었다. 주희는 책상에 엎드려 울고 있었다.

"주희야, 무슨 일이 있었던 거니?"

"몰라요, 몰라! 엉엉, 전 이제 학교 못 가요! 애들이 비웃을 거예요."

"차근차근 말해 보렴. 애들이 왜 너를 비웃겠니?"

"나가 주세요! 혼자 있고 싶단 말이에요!"

주희는 울음을 그치지 않았다.

엄마와 아빠는 방법이 없어 난감한 표정을 지을 수밖에 없었다.

그때였다.

"주희야! 놀자!"

대문 바깥에서 익숙한 목소리가 들려왔다. 주희는 눈물로 범벅이 된 얼굴을 슬그머니 들었다.

"주희야! 주희야! 나야!"

선희의 목소리였다.

주희는 눈물을 대충 닦고 대문 밖으로 나갔다. 선희가 밝게 웃으며 서 있었다.

"어쩐 일이야?"

주희는 냉랭한 목소리로 물었다. 주희는 분명히 선희가 울고 있는 자기 꼴을 구경하러 온 거라고 생각했다.

'얄미운 계집애!'

주희는 선희의 웃는 얼굴을 보자 또다시 아까 벼룩시장에서의 일이 떠올라 기분이 나빠졌다.

"너 지금 네 타로점은 인기를 끌었는데 내 주역점은 망쳐서 그것 때문에 꼴찌 했다고 따지러 온 거지? 흥!"

주희가 쏘아붙이자 선희는 당혹스러운 표정을 지었다.

"아, 아니야. 그냥 난 네가 기분이 많이 상한 것 같아서 위로해 주러 온 것뿐이야."

"흥! 네가 왜 나를 위로해 줘?"

"나도 오늘 실수 많이 했어. 너 때문에 꼴찌 한 거 아니니까 너무 걱정하지 말라고, 그 말 해 주려고 온 거야. 정말이야."

"됐어! 그래, 다 나 때문에 꼴찌 한 거니까 애들한테도 마음껏 비웃으라고 해!"

주희는 선희에게 또다시 쏘아붙이고는 대문을 꽝 닫고 들어가 버렸다.

"주희 너, 친구에게 그게 무슨 말버릇이니? 우리 주희 아주 못됐구나!"

주희와 선희의 대화를 지켜보고 계시던 아빠는 주희에게 몹시 화가 난 듯 말씀하셨다.

"어서 나가서 친구에게 사과하고 오너라! 널 위로해 주러 왔다지 않니."

주희는 가뜩이나 기분이 나쁜데 아빠까지 자신에게 화를 내자 더욱 속이 상했다.

"몰라요! 아빠도 미워요!"

주희는 급하게 마당에 세워 둔 자전거를 끌고 밖으로 뛰쳐나왔다. 선희는 이미 가고 없었다.

주희는 속상할 때마다 자전거를 타고 달리는 버릇이 있었다. 바람을 가르며 신나게 달리다 보면 주희는 자신도 모르게 기분이 좋아지곤 했다.

삼십 분 정도 신나게 달렸을까?

주희는 어느샌가 콧노래를 흥얼거리고 있었다. 그리고 슬그머니 선희와 아빠에게 미안한 마음도 들었다.

'선희가 나를 비웃으려고 온 게 아닐지도 모르는데, 내가 괜히 화를 냈어. 그리고 아빠한테도.'

주희는 자기 뜻대로 되지 않으면 화부터 내는 버릇을 고쳐야겠다고 생각했다.

"아버님께서 너무 주희를 오냐오냐, 받아 주기만 하셔서 그래요."

"그래도 자기 할 일은 스스로 잘하는 아이지 않소."

주희는 가끔 엄마와 아빠가 걱정하시는 소리를 듣곤 했다.

'어서 집으로 돌아가서 아빠께 잘못했다고 말씀드려야지. 내일 학교에 가서는 선희한테……'

"앗!"

바로 그때였다.

자전거 도로가 없어 인도를 달리던 주희가 비명을 지르며 중심을 잃고 옆으로 쓰러졌다.

2 수상한 할아버지

"앗!"

주희는 자전거와 함께 길가에 곤두박질쳤다. 갑자기 자전거 앞으로 작은 고양이 한 마리가 뛰어든 것이었다.

"아얏! 아……."

넘어진 주희의 무릎에선 찰과상 때문에 피가 났다. 주희는 무릎을 감싸 쥐고 우선 고양이를 찾았다.

"야옹!"

주희를 깜짝 놀라게 한 고양이는 길가에 얌전히 앉아 주희를 바라보고 있었다.

"다행히 너는 안 다쳤구나! 깜짝 놀랐잖아, 요 미운 고양이 녀석아!"

주희는 엉덩이를 툴툴 털고 절뚝거리며 일어나 자전거를 일으켜 세웠다. 다친 무릎이 꽤 아팠다.

"아이고! 미안해서 어쩌나!"

그때 한 할아버지가 주희를 향해 뛰어오셨다. 그리고는 어쩔 줄 모르는 표정으로 고양이를 잡아 품에 안으셨다.

"아, 하…… 할아버지!"

주희는 자신을 향해 뛰어오시는 할아버지를 보면서 자신의 눈을 의심했다.

그 할아버지는 돌아가신 주희의 할아버지였다!

회색빛 한복 두루마기와 코에 걸친 작은 돋보기, 콧수염과 흰머리, 그리고 기다란 나무 지팡이……. 그 모습이 정말로 살아생전의 주희 할아버지 모습과 똑같았다.

"하…… 할아버지!"

"많이 다쳤구나!"

할아버지는 가까이 다가와 주희의 무릎을 살폈다. 주희는 그제야 정신이 들었다. 가까이서 뵈니 분명히 자신의 할아버지는 아니었다.

'말도 안 되지. 돌아가신 할아버지가 다시 살아나셨을 거라고 생각하다니!'

"할아버지가 고양이 주인이세요?"

"그렇단다. 잠깐 한눈을 판 사이에 요 녀석이 사라졌지 뭐냐. 많이 다쳤구나!"

"아니에요. 살짝 긁혔을 뿐이에요."

"잠깐만 따라와 보거라. 약과 붕대를 좀 주마."

할아버지는 주희의 대답은 듣지도 않고 따라오라는 손짓을 하시며 급하게 걷기 시작하셨다. 주희는 아직도 멍한 표정으로 자전거를 끌고 할아버지를 따라갔다.

할아버지는 큰길 쪽으로 걸어가더니 이상한 천막 안으로 들어가셨다. 주희는 이상하게 생긴 천막을 유심히 관찰했다. 어른 서너 명 정도가 들어가 앉을 수 있을 정도의 작은 천막이었다. 또한 그 하얀 천막 바깥에는 '주역점, 궁합, 꿈해몽'이라고 쓰여 있었다.

'주역점? 아, 그럼 이 할아버지는 점쟁이시구나! 이 천막은 점을

보는 곳이고! 우리 할아버지도 주역점을 잘 보셨는데.'

"안 들어오고 밖에서 무얼 하느냐?"

할아버지의 쩌렁쩌렁한 목소리가 천막 안에서 들려왔다. 주희는 쭈뼛거리며 천막 안으로 들어갔다.

천막 안에는 의자 세 개와 작은 책상 하나가 놓여 있었고 책상 위에는 《주역》이 펼쳐져 있었다. 할아버지는 작은 상자에서 연고를 꺼내셨다.

"자, 이걸 바르렴. 그럼 금방 나을 게다."

주희는 할아버지가 건네주신 연고를 무릎의 상처에 꼼꼼히 발랐다.

"할아버지는 점쟁이시지요?"

주희의 물음에 할아버지는 껄껄 웃으셨다.

"요 녀석, 어찌 알았느냐?"

"여기 책상 위에 점을 보는 책인 《주역》이 놓여 있잖아요."

그러자 할아버지가 아까의 다정한 모습과는 달리 몹시 화가 난 표정을 지으셨다.

"예끼! 녀석! 《주역》이 점 보는 책이라니!"

"《주역》은 점치는 책 아닌가요? 돌아가신 할아버지도 이 책을 보며 점을 봐 주셨는걸요."

주희의 대답에 할아버지의 표정이 다소 누그러지면서 근엄해지
셨다.

"《주역》은 단순히 점을 보는 책이 아니란다. 나도 손녀와 먹고살
기 힘들어 이렇게 점 보는 일을 하고 있지만 사실 내 직업은《주
역》연구가란다."

"《주역》연구가요?"

"그렇단다."

주희는 고개를 갸우뚱거
렸다. 단순히 점을

뭐하는
곳이지?

보는 책인 《주역》을
연구까지 할 필요가 있
나 싶었기 때문이었다. "아
무튼 내 고양이가 실수를 해
서 네가 다쳤으니 네 고민 한 가
지를 들어주마."
"고민을요?"
"허허, 그렇다. 이 할아비가 비록 가난하고

아무 쓸모없어 보일지 몰라도 사람들은 다들 나한테 와서 고민을 상담한단다."

주희는 돌아가신 할아버지를 생각하며 고개를 끄덕였다. 동네 사람들도 뭔가 고민이 생기면 할아버지에게 찾아와 해결책을 묻곤 했던 것이다. 주희는 문득 자신이 아까 화장실에서 꾼 꿈이 생각났다.

"할아버지! 천막 바깥쪽에 보니 '꿈해몽' 이라고 쓰여 있던데, 혹시 제 꿈 이야기를 들어 주실 수 있어요?"

"하하, 그래. 어떤 꿈인지 한번 들어 보자꾸나."

주희는 스스로도 믿지 못하겠다는 표정으로 말을 하기 시작했다.

"사실 꿈은 꿈인데, 꿈이 아닌지도 모르겠어요. 헤헤, 무슨 이상한 말이냐고요? 꿈인데 너무 생생했거든요. 그래서 저는 아직도 단순한 꿈만은 아닌 것 같다는 생각이 들어요. 사실 저는 꿈에서 '오늘만 있는 나라' 에 갔었답니다. 그 나라 사람들은 어제도 내일도 중요하지 않대요. 그래서 너무나도 가난했어요. 아이들이 배가 고프다고 우는데도 사람들은 일할 생각을 하지 않아요. 그날 하루만 무사히 넘기면 되니까요. 과거에 있었던 일들도 기록해 두지 않아서 매번 시행착오만 겪어야 하는 그 사람들이 너무 불쌍했어요. 그러다가 배가 고파서 뭐라도 먹으려고 숲으로 가던 중 갑자기 꿈에서 깨어난 거예요."

"그러면 그 꿈은 언제, 어떻게 꾸게 된 거니?"

할아버지는 진지하게 주희의 말을 들어 주셨다.

"오늘 학교에서 벼룩시장이 열렸어요. 거기서 저는 점 봐 주는 행사를 벌였는데, 하나도 맞질 않는다고 아이들이 비웃었어요. 그래서 자리를 피해 보려고 할아버지의 《주역》을 들고 화장실로 갔다가 변기 속으로 빨려 들어간 거예요. 그래서 '오늘만 있는 나라'에 가게 되었지요. 너무나 생생한 꿈이었어요."

할아버지는 다 알겠다는 듯이 고개를 끄덕이시며 껄껄 웃으셨다.

"아무래도 네가 《주역》을 껴안고 졸다가 《주역》에 관한 꿈을 꾼 것 같구나. 껄껄."

주희는 영문을 모르겠다는 듯이 눈을 깜박였다.

"네? 《주역》에 관한 꿈이라고요? 에이, 말도 안 돼요. 꿈에 《주역》에 관해선 조금도 나오지 않았다고요!"

"그래도 그게 다 《주역》에 관한 꿈이란다. 허허! 자, 그럼 지금부터 차근히 이야기해 볼까?"

"네!"

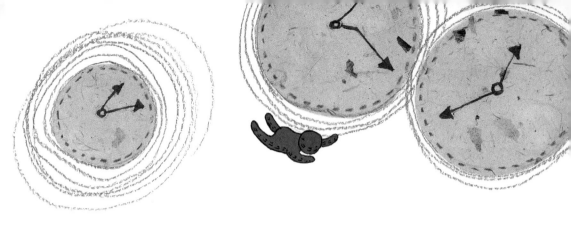

할아버지는 조용히 입을 여셨다.

"네가 꿈에서 보았던 '오늘만 있는 나라'는 당연히 실제로 존재하는 곳이 아니란다. 그곳은 그저 상상의 나라일 뿐이지. 하지만 생각해 보렴. 그 나라 사람들이 왜 그런 비참한 생활을 하고 있는 것 같으냐?"

주희는 머뭇거리며 주저하다가 자신의 생각을 차근차근 말하기 시작했다.

"그 나라 사람들에게는 단지 오늘만이 중요하기 때문이에요. 과거와 미래가 오늘과 전혀 상관없다고 생각하는 듯했어요. 저는 사람이라면 누구나 과거를 토대로 미래에 대한 계획을 세우면서 오늘에 최선을 다해야 한다고 생각해요. 하지만 그 사람들은 전혀 그렇지 않았어요. 그래서 그들이 불행한 거예요."

주희가 또랑또랑한 목소리로 대답하자 할아버지는 흐뭇한 듯 껄

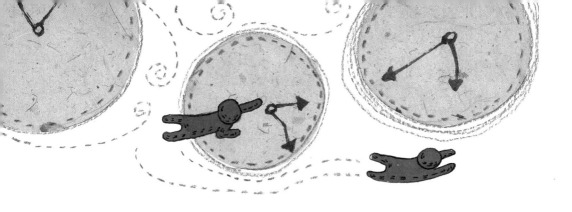

껄 웃으셨다.

"허허! 그래, 네 말이 맞다. 넌 정말 똑똑한 아이로구나. 네가 말한 것처럼 인간은 과거를 토대로 미래에 대한 계획을 세워야 한다. 그건 네가 살던 시대 사람들이나 과거의 사람들이나 마찬가지

지. 그런데 그 '오늘만 있는 나라'의 사람들은 그렇지 않았단다. 아무 계획도 세우지 않고 오로지 그날 먹고사는 데만 바쁘니 내일에 대한 대비를 전혀 할 수 없는 거지."

"네, 그래서 그들은 그렇게 불행해진 것 같아요. 그런데 그게 《주역》과 무슨 상관이 있단 말씀이세요?"

"성미가 급하구나! 허허, 그게 《주역》과 무슨 상관이 있냐고? 그래서 《주역》이 생겨났으니까 하는 말이다."

"네? 그래서 《주역》이 생겨났다고요?"

"그래. 그렇단다."

주희는 고개를 갸우뚱거렸다.

"《주역》은 단지 점 보는 책 아닌가요? 그런데 과거를 토대로 미래에 대한 계획을 세우기 위해 《주역》이 생겨났다니, 무슨 소린지 도통 모르겠어요."

"하하, 더 자세히 이야기해 주고 싶지만 이 할아비가 시간이 안 되는구나. 곧 내 손녀딸이 학교에서 돌아올 시간이거든. 이만 일을 접고 집으로 돌아가 봐야겠구나."

"아이, 할아버지! 잔뜩 궁금하게만 해 놓고 도망가려고 하시면 어떡해요! 어서 말씀해 주세요!"

주희는 자리에서 일어나려는 할아버지의 소맷자락을 꽉 잡고 놓지 않았다.

"어서 말씀해 주세요!"

"아이고, 요 녀석이!"

할아버지는 난처한 표정을 지으시면서도 껄껄 웃으셨다.

"야옹!"

얌전히 앉아 있던 고양이도 울기 시작했다.

"고양이 밥 줄 시간도 됐단 말이다. 이 할아비는 집에 가 봐야 해요. 그럼 내일 다시 오거라. 그때 자세히 알려 주마."

주희는 어쩔 수 없이 할아버지의 소맷자락을 놓아 드렸다.

할아버지는 바쁘신지 재빠르게 책상과 의자를 정리하기 시작하셨다. 주희도 할아버지의 책 정리를 도와 드렸다.

"할아버지! 아직도 여기 계세요?"

그때 할아버지를 부르며 천막 안에 한 여자 아이가 들어섰다. 주희는 익숙한 목소리에 뒤를 돌아보았다. 그 아이는 다름 아닌 선희였다.

"집에 갔는데 할아버지가 안 계시기에 깜짝 놀라서 와 봤어요. 어? 주희야!"

주희는 선희와 눈이 마주치자 깜짝 놀라 눈을 피했다. 아까 자신이 선희에게 못되게 군 일이 생각났기 때문이었다.

'이 할아버지가 선희의 할아버지셨다니…….'

"주희야! 여긴 어쩐 일이야? 우리 할아버지를 알아?"

"아, 아니야!"

선희는 반갑게 웃었지만 주희는 그대로 천막을 뛰쳐나오고 말았다.

3 주역이란 무엇일까?

다음 날 학교에 간 주희는 교실에 들어서자마자 살벌한 기운을 느껴야 했다.

"4반은 축제 분위기더라. 담임선생님이 수고했다고 과자 파티도 열어 주셨대."

"와, 좋겠다! 우리 반은 이게 뭐니. 전교생이 이제 5학년 3반 하면 '괜찮아 상'부터 떠올릴걸!"

"이게 다 누구 때문이더라?"

5학년 3반의 못 말리는 사고뭉치들인 해린이와 지혜가 말했다. 둘은 학급 일도 잘 돕지 않고 청소 시간에도 도망만 다니는 애들이었다.

주희는 몹시 속이 상했다.

'저런 애들한테까지 이런 소리를 들어야 하다니! 너무 억울해!'

하지만 입 밖으로는 아무 말도 꺼낼 수 없었다. 어제까지만 해도 자신을 잘 따르던 반 아이들이 하루 만에 돌변하자 화가 났지만 어제의 일은 분명 자신의 잘못이 크다고 생각했고, 그래서 반 아이들에게 미안했기 때문이었다.

그때 교실 문을 열고 들어서던 선희가 지혜에게 성큼성큼 다가가 말했다.

"그래? 이게 다 누구 때문인데? 누구 때문이냐고! 말을 해 봐!"

선희는 큰 소리로 지혜에게 소리쳤다. 지혜는 착한 선희가 자신에게 화를 내자 당황하는 기색이 역력했다.

"누, 누구 때문이긴! 다 저기 반, 반장 때문……."

"반장 주희 때문이라고? 너희 정말 못됐구나? 벼룩시장 준비에 제일 열심이었던 사람이 바로 주희야! 너희는 벼룩시장 때문에 열린 학급 회의 시간 때도 집에 얼른 가 봐야 한다고 난리를 쳤잖니? 그리고 어제 점 보기 행사에서 좋은 성과를 거두지 못한 건 내 책임도 있어. 나 역시 타로점이 잘 맞지 않아서 손님들이 투덜거렸으니까."

선희가 이렇게 논리 있게 이야기하자 반 아이들은 고개를 끄덕였다. 해린이와 지혜는 자신들의 행동이 부끄러웠던지 얼굴이 빨개지면서 작은 목소리로 투덜거릴 뿐이었다.

"쳇, 누가 뭐래……."

"무서워서 말도 못하겠네."

주희는 그런 선희의 모습에 놀랐다. 선희는 몸이 약한 탓에 늘 조용한 목소리로 이야기하며 있는 듯 없는 듯 생활해 왔던 아이였기 때문이었다. 주희는 선희에게 고마웠지만 뭐라고 말을 해야 할지 몰랐다. 그런 주희의 마음을 알았는지 선희는 알게 모르게 주희에게 윙크를 해 보였다.

점심시간을 알리는 종이 울리자 아이들은 환호성을 지르며 급식을 받으러 달려 나갔다.

주희는 선희에게 다가갔다.

"선희야, 오늘부터 나랑 점심 같이 먹지 않을래? 아깐 고마웠어. 너랑 친해지고 싶어."

그리고 쑥스러운 듯 화해의 악수를 청했다.

선희는 기분 좋게 웃으면서 주희의 악수를 받아 주었다.

"뭘, 나는 애들이 네가 노력한 걸 모르는 것 같아 속상해서 그랬어."

두 사람은 마주 보고 환하게 웃었다. 그리고 점심을 먹으면서 이런저런 이야기를 나누었다.

"그럼 선희 너는 부모님과 할아버지를 모시고 사는 거야?"

"아니야. 부모님은 내가 어렸을 때 돌아가셨어. 그래서 지금은 할아버지와 둘이서만 살고 있어."

주희는 깜짝 놀랐다. 늘 밝아 보였던 선희였는데 그런 아픔이 있었다니.

"하하, 난 아무렇지 않아. 할아버지가 나를 얼마나 사랑해 주시는데."

주희는 고개를 끄덕였다. 주희도 할아버지가 살아 계셨을 땐 세상 부러울 것이 없었다. 할아버지는 이 세상에서 주희를 제일 아껴 주셨기 때문이었다.

선희의 할아버지는 원래 유명한 학자셨는데 생활이 어렵다 보니 길거리에 천막을 쳐 놓고 사람들의 점을 봐 주는 일을 하신다고 했다. 선희는 그런 할아버지를 부끄러워하기는커녕 매우 자랑스러워하고 있었다.

방과후에 주희와 선희는 함께 선희의 할아버지께 갔다. 《주역》에 관해 여쭤 볼 것이 있다는 주희의 말에 선희 역시 신이 나서 따라나선 것이었다.

가운데에 책상을 두고 할아버지와 선희, 주희가 마주 앉았다. 그리고 바닥에는 고양이가 다소곳이 자리를 잡았다.

할아버지는 돋보기를 추켜올리시며 다정한 목소리로 주희에게 물으셨다.

"주희, 넌 《주역》이 무슨 책이라고 생각하느냐?"

주희는 고개를 갸우뚱하며 대답했다.

"점 보는 책 아닌가요? 저희 할아버지도 《주역》을 보시면서 점을 봐 주셨거든요."

"하하, 그래. 물론 《주역》은 맨 처음 점서에서 출발한 책이 맞단다. 너희 '분서갱유'라고 아니? 중국 진나라의 황제가 자신의 사상과는 맞지 않는다며 유학자들을 생매장하고 책들을 모두 불태워 버린 사건이 있었는데 그 사건을 바로 '분서갱유'라고 한단다. 그때 《주역》만은 불태워지지 않았지."

"왜요?"

선희가 궁금한 듯 물었다.

"그 시대 사람들이 《주역》을 사상서, 즉 어떤 이론 책으로 보지 않고 점을 보는 실용적인 책으로 생각했기 때문이란다. '분서갱유' 때 농업, 상업에 관련된 책은 실생활에 꼭 필요하다고 해서 불태우지 않았었거든."

"에이, 그럼 《주역》은 점을 보는 책이 맞잖아요!"

주희는 어제 할아버지가 《주역》이 단순히 점을 보는 책은 아니라고 말씀하신 것이 기억났다.

"주희야, 그렇다면 '점'이란 무엇이라고 생각하느냐?"

"음, 미래를 알아맞히는 걸 점이라고 하지 않나요?"

할아버지는 허허 웃으셨다.

"주희는 역시 똑똑하구나. 그렇지만 그 대답은 반은 맞고 반은 틀렸단다. 점을 단순히 미래를 알아맞히는 것이라고 할 수만은 없어."

"그럼요?"

"점은 한마디로 미래에 발생할 일을 예측한 뒤, 그에 적합한 행동을 정하는 것이라고 해야 옳단다. 요즘 사람들은 인간을 지배하는 게 인간들 자신이거나 과학 기술이라고 생각하지? 그러나 인간의 지혜가 아직 발달하지 않은 중국 고대 나라에서는 기후, 지진, 일식 등 자연 변화와 질병, 전쟁, 왕조의 교체 등 인간사를 초자연적 절대자인 옥황상제가 지배한다고 생각하고 있었단다."

"옥황상제가요? 히히, 재밌어요."

"그래서 농사를 짓거나 전쟁을 일으킬 경우에 옥황상제의 뜻을 미리 알아보려고 했는데 그 방법으로 점을 본 것이란다. 옥황상제가 비를 뿌리면 비가 내리고 눈을 뿌리면 눈이 내리는 줄로만 알았으니까 옥황상제가 비를 뿌리려는지 눈을 뿌리려는지 미리 알기 위해 점을 본 거지."

"야옹!"

고양이도 재미있다는 듯이 눈을 찡긋 감았다 떴다. 주희는 그런 고양이가 귀여워서 품에 꼭 안았다.

"그렇다면 점을 봐서 옥황상제가 비를 많이 뿌릴 거라는 점괘가 나오면 홍수를 대비했겠군요!"

주희가 이렇게 말하자 할아버지는 흐뭇한 표정으로 고개를 끄덕이셨다.

"점을 봐서 옥황상제가 눈을 많이 내리게 할 거라는 점괘가 나오면 눈사람 만들 준비를 한다거나!"

"하하하!"

선희의 말에 모두 웃음보를 터뜨렸다.

"그래. 점은 그렇게 기후를 예측하고 그에 적절한 대비를 마련하기 위한 도구로 사용되었지. 그러나 인간의 지혜가 점점 발달하면서 자연의 변화에 일정한 질서가 있다는 것을 깨닫기 시작했단다. 그 예로 사계절이 변한다는 것을 들 수 있지. 계절이 변한다는 것을 알게 된 인간들은 달력을 만들었고 더 이상 옥황상제의 뜻을 묻는 점을 치지 않고도 미리 날씨의 변화를 알 수 있게 되었단다."

"그럼 더 이상 점을 보는 일은 필요 없어진 거 아닌가요?"

"그래. 미래를 예측하는 일을 모두 빼앗긴 《주역》은 새 임무가 필요했어. 그래서 《주역》도 자연이 어떤 질서를 가지고 변화하는지 알아내기 위한 방향으로 변화해 갔단다."

주희는 잘 모르겠다는 듯이 고개를 갸우뚱했다.

"그럼 우선 《주역》이 어떤 책인지 더 자세히 알려 주어야겠구나. 잘 들어 보거라. 주나라의 역인 《주역》 말고도 이전에 있었던 하나라, 은나라에도 각각

의 역이 있었어. 기원전 2000년경부터 약 400년간 지속되었다는 하나라에는 연산역(連山易)이, 기원전 1700년경부터 약 600년간 지속됐다는 은나라에는 귀장역(歸藏易)이 있었단다. 연산역과 귀장역은 전해 오지 않고 그 이름만 옛날 책에 나올 뿐이라 구체적인 내용은 알 수 없어. '주역'을 한자 그대로 풀이한다면 '주나라 시대의 易(역)'이란다. 易(바뀔 역)은 오늘날의 도마뱀에 속하는 파충류의 모양을 그린 상형문자인데 이 도마뱀은 그 색깔이 주위 환경에 따라 변하기 때문에 뒤에 '변화'라는 의미로 쓰이게 되었단다. '역'이 무슨 의미로 쓰이게 되었다고?"

"변화요!"

주희와 선희는 동시에 입을 모아 대답했다.

"물론 '역'이라는 문자는 다양한 의미를 가지고 있지만 그 핵심은 '변화'라는 것을 명심하여라. 《주역》에는 여러 가지 종류가 있는데 그중에서 주자라는 학자가 쓴 《주역본의》나 정이천이라는 학자가 쓴 《역전》이 가장 널리 읽힌단다."

"주자? 어디서 많이 들어본 것 같은 이름이에요."

주희는 돌아가신 할아버지께서 주자에 관한 이야기를 많이 하셨던 것을 기억해 냈다.

"하하, 그러냐. 주자는 중국 송나라 때의 학자란다. 주자의 본래 이름은 희란다. 그러니까 '주희'라고도 하지. 그러고 보니 너와 이름이 같구나."

주희는 기분이 좋아 입이 함지박만 하게 벌어졌다.

"제 이름이 그런 훌륭한 학자와 같다니 너무 신기하고 좋아요. 제 이름은 돌아가신 할아버지가 지어 주신 이름이랍니다."

"주희 너도 주자처럼 열심히 공부하여 꼭 훌륭한 학자가 되어야 한다."

"돌아가신 할아버지도 그런 말씀을 자주 하셨어요. 공부를 열심히 해서 꼭 학자가 되라고요. 할아버지는 돌아가신 저희 할아버지와 닮은 점이 많은 것 같아요!"

주희는 이렇게 말해 놓고 쑥스러운 듯 웃었다.

"그럼 주희 너도 내 손녀 하려무나. 껄껄."

세 사람은 마주 보고 깔깔거리며 웃었다.

이렇게 선희의 할아버지에게 《주역》에 관한 이야기를 듣고 있자니 주희는 정말로 선희의 할아버지가 자신의 친할아버지 같은 느낌이 들었다.

"아함!"

그때 선희가 기지개를 펴며 입을 크게 벌리고 하품을 했다.

"아이고, 우리 손녀딸. 하품을 하고 있구나!"

"졸립기도 하고 배도 고파요. 우리 집에 가서 밥 먹고 또 이야기해요, 네? 앙, 할아버지."

선희의 애교에 할아버지 역시 책을 덮으시며 미소를 지으셨다.

"그래. 첫날부터 너무 공부만 시켰구나. 그럼 집에 가서 같이 밥을 먹을까?"

"네! 좋아요!"

주희는 신이 나서 대답했다. 주희는 학교에선 조용하고 의젓한 선희가 할아버지 앞에서만은 애교도 부리고 어리광도 피운다는 사실이 재밌기만 했다.

4 선희네 집

선희네 집은 할아버지의 천막에서 꽤 먼 곳에 있었다. 그리고 수십 개의 계단을 올라가야 하는 가파른 골목길 끝에 있었다.

삐거덕거리는 대문을 열고 들어가자 몹시 오래된 듯한 낡고 작은 한옥이 있었다. 좁은 마당 구석에는 고양이의 작은 집도 보였다.

'몸도 약한 선희가 이렇게 가난하게 살고 있었구나. 그런데도 학교에서는 늘 밝은 모습으로 생활했어.'

주희는 그런 선희가 매우 어른스럽게 느껴졌다. 주희는 원하는 것을 부모님이 모두 해 주시는데도 자신은 매일 투정만 부렸다고 생각하니 선희 앞에서 고개를 들 수 없었다.

곧 할아버지가 저녁상을 차려 오셨다. 된장찌개와 김치, 두부조림이 반찬의 전부였다.

"우리 할아버지 음식 솜씨 정말 좋아! 두 명이 먹다가 두 명 다 죽어도 모를 맛이야!"

"녀석도 참, 껄껄. 선희 네가 이것저것 가리지 않고 잘 먹으니까 이 할아비도 요리할 맛이 나지!"

주희도 숟가락을 들고 된장찌개를 떠먹어 보았다. 정말 기가 막힌 맛이었다.

"우와, 정말 맛있어요! 할아버지 짱이에요!"

"짱? 그게 뭐냐?"

"요즘 애들이 쓰는 말로 최고라는 뜻이에요! 헤헤."

세 사람은 오순도순 즐겁게 이야기꽃을 피우며 저녁을 먹었다.

배부르게 먹은 세 사람은 소화를 시키기 위해 마당의 낡은 평상 위에 둘러앉았다. 가을바람이 시원했다.

"주희야, 돌아가신 네 할아버지 이야기를 좀 해 주겠느냐?"

할아버지는 주희에게 물으셨다.

"네, 저희 할아버지는 굉장히 좋은 분이셨어요. 저를 세상에서 제일 사랑해 주셨고요. 유명한 학자이기도 하셨어요. 평생 손에서 《주역》을 놓지 않으셨답니다. 그것이 마치 보물이라도 되는 듯이 말이에요. 저는 그런 할아버지가 늘 자랑스러웠어요. 할아버지가 돌아가셨을 때 저는 얼마나 많이 울었는지 몰라요. 지금도 너무 보고 싶어요."

주희는 말을 마치고 하늘을 바라보며 한동안 아무 말도 하지 않았다. 돌아가신 할아버지가 무척이나 보고 싶었다.

"야옹!"

그런 주희를 위로하듯 고양이가 주희의 무릎으로 폴짝 뛰어올라 다소곳이 주희를 올려다보았다.

"그래, 그랬구나. 네 할아버지도 나처럼 평생 《주역》을……. 콜록콜록!"

그때 할아버지가 갑자기 기침을 하기 시작하셨다.

"할아버지! 할아버지! 괜찮으세요?"

선희와 주희가 동시에 할아버지를 부축했다.

"콜록콜록, 나는 괜찮다……. 걱정하지 마라. 늙으니 자꾸 여기 저기가 삐걱거리는 게지."

주희는 돌아가신 할아버지 생각이 더욱 간절해졌다.

주희의 할아버지도 살아 계실 때 자주 기침을 하시거나 몸이 편찮으시다고 하셨었다. 주희는 그때 좀 더 할아버지께 신경 써 드리지 못한 것이 후회스러웠다.

다시 방 안으로 돌아온 주희와 선희 그리고 할아버지는 책상을 사이에 두고 또 마주 앉았다.

"할아버지, 《주역》은 누가 썼나요?"

주희가 할아버지께 여쭤 보았다.

"《주역》은 몇몇 개인이 특정한 시대에 지은 것은 아니란다. 적어도 천 년 이상의 세월을 두고 여러 천재들이 조금씩 만들고 보완

했을 거야. 복희씨, 문왕, 주공이라는 사람 등이 《주역》을 지은 사람으로 알려져 있지. 그중에 복희씨가 계시를 받아서 만물의 변화를 살펴 《주역》을 만들었다고 하는 설이 가장 많이 전해 내려온단다. 《주역》에 나와 있는 글귀를 한번 들어 보겠니? '복희씨가 천하를 다스릴 때, 우러러 천체의 형상을 관찰하고 굽히어 땅의 법칙을 살피며 새와 짐승의 문채와 땅의 마땅한 바를 살펴, 가까이는 몸에서 취하고 멀리는 만물에서 가져다가 처음으로 팔괘를 만드니, 신명한 덕에 통달하고 만물의 정상을 유추하여 알게 되었다. 노끈을 맺어 그물을 만들어서는 짐승을 사냥하고 물고기를 어획하게 하였으며 사람의 은혜를 아는 짐승을 길들여 부리고 잡아먹는 법을 가르치고 문자로써 기록하는 법을 가르쳐 천하의 문명을 일으켰다.' 자, 어떠냐? 이제 복희씨에 대해서 좀 알겠니?"

"아니요! 어려워요!"

할아버지의 설명에 주희와 선희는 둘 다 입을 모아 외쳤다. 할아버지는 껄껄 웃으며 말을 이으셨다.

"또한 《십익》은 공자가 지은 것으로 되어 있단다."

이번엔 선희가 고개를 갸우뚱하며 할아버지께 여쭤 보았다.

"할아버지! 《십익》이 뭐예요?"

"너희도 공부할 때 교과서로는 부족해서 전과를 사서 공부하지? 《십익》은 《주역》이라는 교과서의 전과라고 할 수 있단다. 즉 춘추 전국시대에서부터 한나라 초기에 이를 때까지 학자들이 다양한 사상을 정리해서 펴낸 《주역》의 해석서 또는 참고서라고 이해할 수 있지."

"아, 그렇구나."

주희와 선희가 동시에 고개를 끄덕였다.

"그런데 그 시기는 중국 역사상 가장 중요한 경제, 사회적 질서 및 사상의 변화가 일어나는 변혁기였단다. 일상생활에도 커다란 변화가 일어나서 소로 농사를 짓기 시작했고 상공업이 발달하여 화폐가 유통되었지. 이렇게 경제가 발전하자 이를 효과적으로 통제하기 위해 중앙 집권적인 정치 통일이 이루어졌어. 이 같은 정치의 통일은 사상의 통일을 요구하였고 따라서 유가는 자신들의 사상을 체계적으로 이론화하기 시작했어. 그 대표적인 문헌 중의 하나가 바로 《십익》이란다."

"그렇군요!"

"그리고…… 콜록콜록!"

할아버지는 아까처럼 또다시 기침을 하기 시작하셨다. 그런 할아버지의 모습에 선희는 금방이라도 울음을 터뜨릴 것 같았다.

"어쩔 수 없구나. 오늘 수업은 이만 마치도록 하자꾸나. 주희 너도 더 궁금한 것이 있으면 언제든지 또 놀러오렴."

주희는 차마 발걸음이 떨어지지 않았지만 아쉬운 마음으로 집으로 돌아와야 했다. 주희는 기침을 몹시 심하게 하시던 할아버지가 걱정되어 쉽사리 잠을 이룰 수 없었다.

"내가 할아버지와 선희를 도울 방법은 없을까?"

선희 역시 몸이 더욱 약해졌는지 이제는 체육 시간에도 운동장에 나오지 못하고 교실 안에만 있었다. 또한 조금만 오래 걸어도 숨이 차서 힘들어했다.

"선희와 더 친하게 지내야겠어. 내가 정말 좋은 친구가 되어 주어야지. 할아버지도 자주 찾아뵙고."

음양의 법칙(2)

《주역》에서는 대대 관계에 있는 존재들이 서로 반대가 되기 때문에 오히려 서로를 완성시켜 준다고 말합니다. 즉 남/여 또는 전기의 +/-처럼 같은 성 또는 같은 극(極)끼리는 서로 배척하는 반면, 반대가 되는 경우에 오히려 서로를 보완하고 완성시켜 준다는 것입니다.

《주역》의 38번째 규(睽)라는 괘를 살펴봅시다. 이 괘는 위에 불을 상징하는 이괘(離卦)가 있고 아래에는 연못을 상징하는 태괘(兌卦)가 있습니다. 불은 위로 타오르고 연못의 물은 아래로 흐릅니다. 서로 반대가 되는 관계입니다. 또한 '규'라는 글자는 반목하고 질시하며 서로 어긋난다는 뜻입니다. 이 괘의 마지막 효사는 다음과 같습니다.

"서로 어긋나 미워할 때에 외로워라. 돼지가 진흙을 뒤집어쓰고, 귀신이 한 수레 가득 탄 것을 보고서 먼저 활을 당겼다가 뒤에 활을 놓으니 원수가 아니라 혼인할 짝이다. 가서 비를 만나면 길할 것이다."

규괘의 마지막 효는 양효입니다. 그리고 '흙을 뒤집어쓴 돼지'는 음효인 3효로서, 극도로 증오하는 대상을 상징합니다. 그러나 나와 서

로 반대가 되기 때문에 증오하고 사살하려는 대상이, 바로 그 반대가 된다는 점 때문에 혼인할 짝이 됩니다. '비를 만나면 길하다'라는 것은 두 개의 효가 화합된 것을 상징하는데, 여기에서 '외로움'이 극복됩니다.

우리는 흔히 나와 반대되는 생각을 갖고 있거나 나를 비판하는 사람을 미워하고 경우에 따라서는 공격하여 제거하려고 합니다. 개인 간의 관계에서도 그렇지만 국가 간의 관계라고 예외는 아닙니다. 그러나 나와 반대되는 주장을 하는 사람이야말로 나의 단점을 보완하고 나를 완성시켜 줄 짝이라는 점을 잘 알아야 합니다. 그리고 우리는 모든 존재가 서로 대칭적이라는 점을 잊지 말아야 합니다.

우리는 행복할 때 행복 그 자체에 도취되어 오만해지기 쉽습니다. 하지만 행복이라는 빛의 뒷면에는 반드시 불행이라는 그림자가 있기 마련입니다. 이것을 미리 대비하지 않으면 큰 불행에 빠지게 됩니다. 하지만 불행이 왔다고 절망할 필요는 없습니다. "겨울이 깊으면 봄이 멀지 않으리"라고 어느 시인이 노래했듯이 불행의 뒷면에는 반드시 행복이 숨어 있기 때문입니다.

할아버지가 남긴 것들

 삶을 알지 못하는데 어찌 죽음을 알며, 사람을 알지 못하는데 어찌 귀신을 알겠는가?

– 공자

1 선희가 아파요

다음 날, 학교에 가 보니 선희의 자리가 비어 있었다.

"늦잠을 자나? 선희가 웬일로 지각을 하지?"

아무리 기다려 보아도 선희가 오지 않자 주희는 이상한 기분이 들었다. 교실 뒷문이 열릴 때마다 깜짝깜짝 놀라며 뒤를 돌아보곤 했지만 선희는 아니었다.

"선생님! 선희는 왜 학교에 안 온 건가요?"

첫 번째 수업이 끝나도 선희가 학교에 오지 않자 주희는 담임선생님께 여쭤 보았다.

"주희가 반장으로서 반 아이들을 챙기는 모습이 예쁘구나. 선희의 할아버지께 전화를 받았는데 어젯밤부터 선희가 몹시 아프다는구나."

"네? 선희가 아프다고요?"

"그래. 그래서 선생님도 걱정하고 있단다. 그래도 내일은 학교에 나온다니 기다려 보자꾸나."

주희는 몹시도 걱정스러웠다. 늘 밝게 웃던 아이였는데, 얼마나 아프면 학교에도 못 나왔을까?

"그런데 주희야, 내일 학부모님들이 진행하는 일일 교사 수업이 있는 건 알지? 혹시 주희의 아버님이나 어머님이 시간이 되신다면 일일 교사 수업에 참여해 주셨으면 좋겠는데……. 원래 해 주기로 하셨던 수호네 아버님께서 갑자기 바쁜 일이 생기셨다는구나."

"네, 알겠어요."

주희는 선생님의 말씀이 귀에 잘 들어오지도 않았다. 기운 없는 목소리로 대답하고 자리로 돌아온 주희는 선희의 빈자리를 보면서 허전한 마음을 감출 수 없었다.

방과후에 주희는 선희네 집에 찾아가 보기로 했다. 선희네 집에 가기 위해 큰길을 건너는데, 할아버지의 천막이 보였다.

"어? 할아버지가 오늘도 일을 하러 나오셨나?"

 주희는 얼른 달려가 천막 안을 들여다보았다. 선희의 할아버지는 주희가 갑자기 얼굴을 들이밀자 깜짝 놀라 그만 돋보기를 떨어뜨리셨다.

"예끼! 녀석아, 깜짝 놀랐다!"

"할아버지! 선희가 아프다고 들었는데 할아버지는 나와서 일을 하고 계시네요. 그럼 선희는 누가 간호하고 있어요?"

 주희의 물음에 할아버지의 표정이 몹시 어두워지셨다.

"선희는 혼자 누워 있단다. 내가 간호해 주어야 하는데, 그럴 수 없었단다. 한 푼이라도 더 벌어서 어서 수술비를……. 아, 아니다."

 주희는 수술비라는 말에 깜짝 놀랐다.

"수술비라니요? 누가 수술을 받아야 한다는 거예요?"

 할아버지는 말해 주지 않으려 했지만 주희는 자신도 선희의 제일 친한 친구로서 꼭 알아야 한다며 할아버지를 설득했다. 할아버지에 의하면 선희는 태어날 때부터 심장이 약했고, 그래서 평소에도 몹시 힘들어했다고 한다. 선희는 체육 시간에 친구들과 마음껏 뛰어 보는 것이 소원이라고 했다. 수술만 받으면 다른 친구들처럼 건강하게 살 수 있는데 수술비가 너무 비싸 엄두를 못 내고 있다며 할아버지는 촉촉해진 눈가를 손수건으로 닦으셨다. 그리고 곧 수술을 받지 않으면 선희의 건강이 더 악화되어 위험해질 수도 있다고 하셨다.

할아버지의 말을 모두 들은 주희는 머리가 멍했다.

'수술을 받지 않으면 선희의 건강이 더 악화될 거야. 심하면 죽을 수도 있어.'

주희는 믿기지 않는 듯 고개를 가로저었다.

"그럴 리 없어요! 선희가 얼마나 밝고 건강한 아인데요!"

"그래, 선희는 누구보다 밝고 건강한 아이란다. 우선 내일 선희를 입원시키기로 했단다. 수술은 못 받더라도 입원 치료는 시켜 봐야 하지 않겠니."

할아버지의 목소리에 기운이라고는 하나도 없었다. 사랑하는 손녀가 아픈데 수술도 못 시켜 주는 할아버지의 아픈 마음이 주희에게 고스란히 전해졌다.

'내가 선희를 위해 해 줄 수 있는 일이 없을까?'

주희는 문득 아까 담임선생님이 하신 말씀이 떠올랐다.

"할아버지! 선희가 내일 입원한다고 했지요? 그럼 오전에 잠깐 학교에 나올 수 있을까요?"

"그래, 오랫동안 입원하게 되면 한동안 친구들을 못 보게 될 게다. 친구들을 보러 내일 오전 중에 학교에 다녀오는 것도 좋겠지."

"그럼 선희에게 잊지 못할 추억을 만들어 주세요! 내일 할아버지께서 우리 반의 일일 교사가 되어 주시는 거예요!"

주희의 황당한 제안에 할아버지는 그제야 미소를 지으셨다.

"이 늙은이가 아이들에게 대체 무엇을 가르치겠느냐, 허허."

"사양하지 마세요! 《주역》에 대해 가르쳐 주시면 되잖아요! 네? 할아버지!"

주희는 선희에게 할아버지가 반 아이들 앞에서 멋지게 수업하는 모습을 보여 주면 선희도 분명히 매우 기뻐할 거라고 생각했다. 할아버지 역시 손녀딸 선희가 기뻐하는 모습을 보고 싶었다.

결국 선희의 할아버지는 5학년 3반의 학부모 일일 교사를 하기로 결정했다.

2 할아버지가 일일 교사?

깨끗한 회색 두루마기를 입은 할아버지는 작은 돋보기를 쓰고 손에는 《주역》을 든 채 교단에 오르셨다. 주희는 그 모습이 꽤 잘 어울린다고 생각했다. 주희는 학교에 나온 선희의 손을 꼭 붙잡고 있었다. 선희는 얼굴이 창백했으나 기분만은 매우 좋아 보였다.

드디어 할아버지의 수업이 시작되었다.

안녕하십니까?

저는 선희의 할아버지 되는 사람입니다, 허허.

여러분, 일상생활 속에 묻혀 지내다가 문득 우리가 살아가고 있는 이 세상을 돌아보았을 때, 존재하는 모든 것이 잠시도 쉬지 않고 변화한다는 사실에 놀란 적이 있지요?

나무도 사시사철 푸른 것만은 아니지요. 봄엔 꽃을 피우고 여름엔 울창하게 잎을 드리우고 가을엔 낙엽을 떨어뜨리고 겨울엔 앙상한 나뭇가지만 남기니까요. 시냇물도 그 자리에 가만히 있지 않고 계속 아래를 향해 흐르지요.

옛날 사람들도 이렇게 끊임없이 변화하는 자연에 많은 관심을 가졌습니다. 그리고 그 자연의 변화를 미리 알기 위한 노력도 계속했지요. 그래서 《주역》이 생겨난 것이랍니다.

더 자세히 이야기해 볼까요?

고대 중국인들은 홍수, 가뭄, 흉년, 풍년, 질병 등의 자연현상과 인간의 모든 문제를 옥황상제가 지배한다고 생각했어요. 재밌지요?

그러므로 무슨 일을 하든지 옥황상제의 뜻을 알지 않으면 안 되었지요. 그래서 옥황상제의 뜻을 아는 방법으로 점을 친 겁니다.

하지만 오늘날에는 과학이 발달하고 자연을 합리적으로 해석할

수 있으므로 점을 칠 필요가 없게 되었지요. 그런데도 불구하고 현대인들은 아직까지 점을 봐요. 또한 《주역》도 점 보는 책으로 오늘날까지 전해 오고 있어요. 그 이유는 무엇일까요?

그것은 절대 인간이 어리석기 때문이 아닙니다. 우리가 어떤 행동을 하려고 할 때, 우선 '어떻게 해야 좋은 결과가 나올 수 있을까' 하는 것을 판단해야 하는데 자기 혼자 아무리 생각해도 올바른 판단을 내릴 수 없는 경우가 있어요. 그럴 땐 어떻게 해야 할까요?

우리는 그런 상황에 처하면 자기보다 판단력이 뛰어난 사람에게 물어보게 되지요. 예를 들면, 여러분 같은 아이들은 어머니에게 물어보고 행동을 합니다. 하지만 아무리 사람들에게 묻고 또 물어도 정확한 판단을 내릴 수 없는 경우가 있습니다. 인간은 곰곰이 생각하는 것만으로는 미래에 일어날 일을 정확히 알 수 없으니까요.

이와 같이 인간의 한계를 넘어서는 문제들에 부딪혀 어쩔 수 없는 상황이 되었을 때, 인간은 점에 의지하게 되는 거예요. 하지만 여러분은 《주역》을 공부하는 책으로 삼아야지 점을 보는 책으로 삼아서 자신의 미래를 맡겨 버리는 어리석은 행동을 해서는 안 됩니다. 알겠지요?

아직도 《주역》을 미신이라고 생각하고 있는 사람이 있나요?

《주역》은 유교의 경전, 즉 교과서 같은 것이었답니다. 그것은 《주역》에 합리적인 사상성이 있었기 때문이겠지요.

자, 너무 어려운 얘기만 한 건 아닌지 모르겠네요. 허허.

"선희네 할아버지 짱!"

"너무 재밌는 수업이었어요!"

할아버지의 수업이 끝나자 아이들은 박수를 치며 '선희네 할아버지 짱!'을 외쳤다.

할아버지는 기분이 좋으신지 선희를 향해 엄지손가락을 치켜들어 보이셨다. 선희도 할아버지를 향해 윙크를 했다. 선희는 자신의 할아버지가 아이들 앞에서 당당하게 일일 교사를 하는 모습에 많은 힘을 얻은 듯했다.

"입원을 한대도 이제 무섭지 않아. 나한텐 할아버지가 있잖아."

선희는 몹시 뿌듯한 표정으로 주희의 귀에 대고 속삭였다. 그리고 주희는 누구보다도 크게 박수를 치며 일일 교사를 해 주신 할아버지께 감사의 인사를 드렸다.

학교를 나선 선희는 곧바로 종합병원에 입원했다. 의사는 최대한 빨리 수술을 해야 한다고 했다. 그러나 수술비는 상상도 못할 어마어마한 금액이었다. 할아버지의 얼굴엔 그늘이 졌다. 주희는 자신이 아무 일도 할 수 없다는 사실에 줄곧 가슴이 아팠다.

집으로 돌아온 주희는 곧장 컴퓨터 앞으로 달려갔다. 주희가 자주 가는 인터넷 동호회에 오늘 있었던 선희 할아버지의 일일 교사 체험 이야기를 남기고 싶었기 때문이었다. 전에는 주희가 글을 남기면 선희가 곧잘 리플을 달아 주곤 했었다. 그런데 이제는 그럴 수 없다는 사실이 주희를 더욱 쓸쓸하게 했다.

　　　제목 : 오늘 친구네 할아버지께서 일일 교사를 해 주셨어요!

　　　ID: ☆주희☆

안녕하세요?

오랜만에 글을 올리네요. ^^

오늘 저희 세리초등학교에서 있었던 일을 들려 드리고 싶어서 방
문하였답니다. 오늘 제 친구의 할아버지께서 저희 반 일일 교사를
해 주셨어요.

어떤 내용의 수업인지 궁금하시죠?

바로 《주역》이었답니다.

친구의 할아버지께서는 전부터 제게 《주역》에 관한 이야기를 많이
들려주셨어요. 참 좋은 분이시죠. 마치 돌아가신 저희 친할아버지
같아요.

친할아버지 역시 평생 《주역》을 공부하셨어요. 그리고 저를 몹시
사랑해 주셨지요.

혼자만 알고 있기 아까워서 여러분에게도 《주역》에 관해 이야기해 드리려고 해요.^^

잘 들어 보세요.

《주역》을 단지 점 보는 책이라면서 무시하는 사람들이 많지요?

물론 《주역》은 맨 처음 점서에서 출발한 책이 맞아요. 진시황이 이른바 '분서갱유'라 하여 자신의 사상과 맞지 않는 책들을 불태웠을 때 《주역》만은 불태워지지 않은 까닭도 그 시대 사람들이 《주역》을 사상서가 아니라 실용서인 점 보는 책으로 생각했기 때문이지요.

그렇다면 '점'이란 무엇일까요?

점은 한마디로 미래에 발생할 일을 예측하고 그에 적합한 행동을 정하는 걸 말한답니다. 중국 고대 나라에서는 기후, 지진, 일식 등 자연 변화와 질병, 전쟁, 왕조의 교체 등 인간사를 초자연적 절대자인 옥황상제가 지배한다고 생각하고 있었지요. 그래서 농사를 짓거나 전쟁을 일으킬 경우에 옥황상제의 뜻을 미리 알아보려고 했는데, 그 방법으로 점을 본 것이랍니다.

참 재미있지요?

그러나 인간의 지혜가 점점 발달하면서 자연의 변화에 일정한 질서가 있다는 것을 깨닫기 시작했고, 미래를 예측하는 일을 모두 빼

앗긴 《주역》은 새 임무가 필요했어요. 그래서 《주역》도 자연의 질서를 추출해 내는 방향으로 새로이 전개되려는 노력을 한 것이지요.

이제 더 이상 《주역》을 단순한 점서라고 볼 수만은 없어요.

오늘 수업을 들으면서 저는 몰랐던 사실까지 많이 알게 되었답니다. 할아버지께서 어찌나 재밌게 수업을 해 주셨는지 반 친구들이 전부 '할아버지 짱!'을 외쳤어요!

정말 유익하고 즐거운 시간이었어요.

아, 맞다. 그거 아세요? 제 이름이 바로 주희랍니다. ㅋㅋ 제 아이디도 그래서 '☆주희☆'고요. 그런데 주자의 본래 이름도 주희래요. 저는 이 사실을 알고 하늘을 날아갈 것처럼 기뻤어요. 그 사실도 제 친구의 할아버지께서 알려주신 건데…….

사실 저는 요즘 고민이 아주 많답니다. ㅠ.ㅠ

친구가 많이 아파요. 심장병이에요. 제 소중한 친구인데, 수술비가 없어서 걱정입니다. 친구 할아버지께서도 발만 동동 구르고 계시지요.

어서 빨리 해결됐으면 좋겠어요. 친구와 자전거도 타고, 놀러도 가고, 함께 공부도 했으면 좋겠어요.

여러분도 기도해 주실 거죠?

그럼 또 글 남기러 올게요.

'확인' 버튼을 누르고 글이 제대로 게시판에 올라간 것을 확인한 후 주희는 컴퓨터를 껐다.

"주희야! 저녁 먹어야지!"

엄마가 주방에서 주희를 부르셨다. 주희는 주방으로 가 보았다. 저녁 메뉴는 된장찌개였다.

'선희네 할아버지가 끓여 주신 된장찌개도 참 맛있었어. 그때 참 즐거웠는데⋯⋯.'

주희는 갑자기 입맛이 없어지는 것을 느꼈다. 선희는 지금쯤 병원에서 힘들게 치료를 받고 있을 거라는 생각이 들었다.

"무슨 걱정이라도 있니, 우리 주희?"

주희가 밥을 제대로 먹지 못하자 엄마가 걱정스러운 듯 물으셨다. 주희는 엄마에게 선희가 몹시 아파 걱정된다고 말씀드렸다. 하지만 수술비 이야기는 꺼내지 못했다.

'우리 집도 넉넉한 편이 아니니 큰돈은 마련할 수 없을 거야.'

주희는 며칠 동안 밥도 제대로 먹지 못하고 잠도 제대로 자지 못하면서 선희를 걱정했다.

3 선희야, 힘내!

선희가 입원한 지 일주일이 지난 어느 날이었다.

"주희야, 교장 선생님께서 널 찾으시는구나."

담임선생님의 말씀에 주희는 깜짝 놀랐다.

"왜 교장 선생님께서 저를……."

눈이 커다래진 주희를 보며 담임선생님은 단지 미소만 지으실 뿐이었다.

교장 선생님은 주희가 교장실에 들어서자 일어서서 주희를 반기셨다. 주희는 영문을 몰라 눈을 깜박였다.

"네가 5학년 3반의 반장 이주희로구나. 이 교장 선생님이 기쁜 소식을 전해 주려고 너를 부른 거란다. 어서 앉으렴."

주희는 주춤거리며 교장실의 소파에 앉았다. 교장 선생님께서 말씀을 이으셨다.

"오늘 마음씨 좋은 분들에게서 몇 통의 전화를 받았단다. 그 분들은 주희 네가 인터넷 게시판에 올려놓은 글을 보고 전화를 하셨다더구나. 무슨 글을 올린 거니?"

주희는 깜짝 놀랐지만 차분히 대답했다.

"같은 반 친구인 선희의 할아버지께서 일일 교사를 해 주셨어요. 《주역》에 대해서 알려 주셨는데 너무 유익해서 자주 가는 인터넷 카페의 사람들에게 알려 주고 싶어서 글을 남긴 거예요."

"또 다른 내용을 남기지는 않았니?"

"네, 사실은 선희가 심장병에 걸려서 많이 아파요. 병원에 입원을 했는데 수술비가 없어서 수술도 못 받고 있어요. 제가 뭐 도울 일이 없을까 고민하는 내용을 그 글에 덧붙여서 썼는데……."

교장 선생님께서는 흐뭇한 미소를 지으며 주희의 머리를 쓰다듬어 주셨다.

"허허, 그랬구나. 아까 내게 전화를 주신 분들이 네 글을 읽고 선희의 수술비 중 일부라도 도와주고 싶다고 하시더구나."

"네? 그게 정말인가요?"

교장 선생님의 말씀을 듣고 주희는 뛸 듯이 기뻤다. 주희는 정말로 오랜만에 크게 웃었다.

"하지만 그리 큰 금액은 아니란다. 선희의 수술비로는 많이 부족한 금액이지. 그래도 걱정하지 말거라. 전교생을 대상으로 모금 활동을 벌일 생각이니까. 우리 어디 한번 최선을 다해 보자꾸나."

집으로 돌아온 주희는 얼른 자신이 글을 남긴 인터넷 동호회에 들어가 보았다.

글을 남긴 이후로 한 번도 들어가 보지 않았었는데 그새 굉장히 많은 댓글들이 달려 있었다. 그중에는 자신도 선희를 돕고 싶다는 의견이 대부분이었고 《주역》에 대해 더 알고 싶다는 의견도 보였다.

주희는 흥분된 마음으로 하나하나 차근차근 읽어 내려가면서 성실히 답변해 주었다.

주역짱: 정말 착한 학생이군요. 저도 그 친구를 꼭 돕고 싶습니다.

무슨 방법이 없을까요?

 ─Re: 정말 감사합니다.

 지나가는 행인 : 저기, 그런데 점을 보는 건 어리석은 사람들이나 하는 행동 아닌가요?

 ─Re: 그렇지 않습니다. 오늘날에는 과학이 발달하고 자연을 합리적으로 해석할 수 있게 되어서 사실 더 이상 점을 칠 필요가 없는데도 현대인들은 점을 봅니다. 그 이유는 절대 인간이 어리석기 때문이 아니지요! 우리가 어떤 행동을 하려고 할 때, 우선 '어떻게 해야 좋은 결과가 나올 수 있을까?' 하는 것을 판단해야 하는데 자기 혼자 아무리 생각해도 올바른 판단을 내릴 수 없는 경우엔 어떻게 하지요? 자기보다 판단력이 뛰어난 사람에게 물어보게 되지요? 예를 든다면, 저 같은 아이들은 어머니에게 물어보고 행동을 하게 됩니다. 하지만 사람들에게 아무리 물어보아도 판단을 내릴 수 없는 경우가 있습니다. 인간은 곰곰이 생각하는 것만으로는 미래에 일어날 일을 정확히 알 수 없으니까요. 이와 같이 인간의 한계를 넘어서는 문제들에 부딪혀 어쩔 수 없는 상황이 되었을 때, 인간은 초이성적인 방법에 의지할 수밖에 없는데 그게 바로 점이라는 것입니다. 그래서 사람들은 여전히 점을 보는 것이지요.

나도돕고파: 저희 할아버지한테 이 이야기를 해 드렸더니 돕고 싶으시대요. 저도 마찬가지고요. 빨리 연락처를 남겨 주셈.

 -Re: 정말 감사합니다. ㅠㅠ

철학사랑♡: 저희 아빠는 방송국 PD인데요. 친구 분 이야기를 찍고 싶어 하십니다. 가능할까요?

 -Re: 전국적으로 방송이 된다면 더 많은 사람들이 선희의 사연을 알게 되겠지요? 선희네 할아버지께 말씀드려 보겠습니다.

미신시러: 《주역》은 미신이다! 사기다!

 -Re: 《주역》이 정말 미신이라면 왜 유교에서 용납했겠어요? 《주역》은 유교의 경전이었다고요. 당연히 거기에 합리적인 검증이 가능한 사상성이 있었기 때문이겠지요? 또 중국의 지식인들은 역을 점 보는 책으로만 읽지는 않았습니다. 후세의 사람이 점 보는 일을 입에 올릴 가치도 없다고 멸시하는 태도는 옳지 않아요!

해피해피: 님 같은 친구가 있었으면 좋겠네염. 그 친구가 부러워염.

천사: 덕분에 주역에 대해 많은 것을 알게 된 것 같습니다. 감사드립니다.

댓글이 너무 많이 달려 있어서 주희는 모두 다 답변을 달아 주지는 못했지만 그날 밤 뿌듯한 마음으로 잠자리에 들 수 있었다.

　며칠 후 선희가 입원해 있는 입원실 앞은 많은 사람들로 북적였다.

　온갖 촬영 장비와 카메라, 그리고 수많은 사람들이 조용조용히 움직이며 선희를 촬영하기 위해 준비하고 있었다. 형편이 어려운 데다가 몹쓸 병에 걸린 사람들을 찾아 그들의 힘겨운 생활을 보여 주고 시청자들에게 모금을 받는 '사랑의 모금 운동'이라는 프로그램이었다.

　그 프로그램의 PD가 주희의 글에 리플을 달았던 '철학사랑♡'
이라는 아이디를

쓴 사람의 아버지였다.

선희는 텔레비전에 나오는 것을 부끄러워했지만 주희가 옆에 함께 있어 주어 무사히 촬영을 마칠 수 있었다.

할아버지는 내내 눈물을 흘리시면서 고맙다는 말씀만 하셨다.

기적은 여기서 끝나지 않았다.

선희를 돕고 싶다며 학교로 걸려 오는 전화가 너무 많아서 교장 선생님은 행복한 비명을 지르셨다. 전교생을 대상으로 한 모금 운동도 성공적으로 진행되어서 꽤 많은 성금이 모였다. 뿐만 아니라 전교생이 선희의 완쾌를 빌며 써 준 편지로 선희의 입원실은 꽉 차기도 했다.

덩달아 주희도 유명해졌다.

'착한 친구'라는 별명이 생긴 주희는 여기저기서 인터뷰 요청이 쇄도하는 바람에 몹시 바빠졌다. 하지만 선희를 위한 것이라고 생각했기 때문에 아무리 피곤해도 성실히 인터뷰에 응했다.

또한 선희네 할아버지 역시 유명해졌다.

할아버지의 《주역》에 관한 해박한 지식은 사람들을 감탄하게 만들었고 여기저기서 할아버지를 초청해 《주역》에 관한 이야기를 듣고 싶어 했다. 할아버지는 선희의 병간호에 방해가 안 될 정도로만 초청에 응해 성심성의껏 《주역》에 대해 가르쳐 주었다.

이렇게 전국적으로 선희의 수술비 마련을 위한 모금 행사가 열린 지 며칠이 지난 어느 날, 주희는 병원으로 선희의 병문안을 갔다. 선희는 전보다 더 마르고 창백해 보였다.

"걱정 마. 네 수술비는 이제 곧 마련될 거야. 조금만 더 참아. 우리 체육 시간에 함께 뛰어다니며 피구도 하고, 핸드볼도 하자. 어때?"

선희는 말하기도 힘이 드는지 천천히 고개를 끄덕였다. 주희는 선희의 그런 모습에 눈물이 났다.

"할아버지와 나를 생각해서라도 힘을 내! 우리 모두 너를 위해 애쓰고 있어. 그러니까 기운 잃으면 안 돼!"

주희는 선희의 작고 가느다란 손을 꼭 잡아 주었다.

그리고 일주일도 채 되지 않아 어마어마한 금액이었던 선희의 수술비가 마련되었다. 주희와 할아버지는 서로 부둥켜안고 눈물을 흘렸다.

선희의 수술비가 마련되었다는 소식은 두 사람만의 기쁨이 아니었다. 소식을 전해 들은 세리초등학교의 전교생 역시 서로를 안고 기쁨의 눈물을 흘렸다. 또한 텔레비전을 통해서 이 소식이 전해지자 전 국민이 마치 자신의 일인 것처럼 좋아했다.

4 할아버지가 남긴 것들

선희는 바로 다음 날 수술을 받았다.

결과는 다행히도 매우 좋았다. 선희의 할아버지는 주희와 세리 초등학교의 전교생, 그리고 전 국민에게 고맙다는 뜻을 몇 번이고 전했다.

선희는 하루가 다르게 건강해졌다. 창백했던 얼굴에도 이제 홍조가 돌았다.

"모두 네 덕분이야. 주희야, 너를 만나지 않았다면 난 어떻게 됐을까?"

　주희와 선희는 함께하는 시간이 점점 많아졌다. 방과후에 주희
는 병원으로 달려와 그날그날 배운 것을 선희에게 하나하나 알려
주었다. 그런 둘의 모습을 지켜보며 할아버지는 흐뭇한 미소를 지
으셨다.

　그러던 어느 날, 뜻밖의 충격적인 사건이 일어났다. 선희의 할아
버지께서 쓰러지신 것이었다.

　때마침 선희가 퇴원을 하는 날이었다.

　휴일이라 주희는 아침 일찍부터 병원으로 달려와 선희의 퇴원
준비를 도왔다. 그러던 중 갑자기 병실로 달려온 간호사 언니에게
할아버지가 선희의 퇴원 수속을 마치고 병실로 올라오시다가 갑
자기 쓰러지셨다는 말을 들었다.

　"할아버지! 할아버지! 엉엉."

　병실에 누워 계시는 할아버지를 본 선희는 할아버지를 부르며
엉엉 울기 시작했다. 주희도 따라 울었다.

　의사 선생님의 말씀에 따르면 할아버지는 노환에 피로가 겹쳐서
쓰러지신 것이라고 했다. 또 얼마 못 사실 거라고도 했다. 선희는
믿으려 하지 않았다. 또한 이렇게 된 것이 모두 자기 때문이라며

할아버지 곁을 떠나지 않았다.

그렇게 며칠이 지났을까.

"제발 우리 할아버지 일어나게 해 주세요."

건강을 되찾은 선희는 할아버지도 자신처럼 어서 병상에서 일어나 주길 바라고 또 바라며 기도했다.

"…… 선희야! 선…… 선희야!"

문득 자신을 부르는 할아버지의 목소리에 선희는 깜짝 놀랐다.

선희는 할아버지의 목소리가 심상치 않음을 느끼고 얼른 주희에게 전화를 걸어 와 달라고 부탁했다.

곧 주희와 주희의 부모님이 병원에 도착했다.

병실에 들어서니 선희가 할아버지의 손을 꼭 붙잡고 있었다.

"할아버지! 하고 싶은 말 있으시면 하세요. 네? 엉엉."

"선…… 선희야, 아무래도 나는 오래 살지 못할 것 같구나. 너에게 마지막으로 하고 싶은 말이 있는데……."

"할아버지! 그게 무슨 말이에요! 할아버지가 돌아가시면 전 어쩌라고요!"

선희의 눈에서 눈물이 뚝뚝 떨어졌다. 주희 역시 할아버지를 떠나보낸 지 일 년 만에 또다시 친할아버지 같은 분을 떠나보내야 한다는 생각에 가슴이 미어지듯 아파 왔다.

"선…… 선희야, 아직 어린 너를 두고 이 할아비 혼자 떠나려니 마음이 편치 않구나. 우리 선희 앞으로 어떻게 살아갈꼬."

할아버지의 눈에도 눈물이 맺혔다.

"아니에요, 할아버지. 어서 일어나셔서 다시 같이 살면 되잖아요. 할아버지가 없으면 나 혼자 어떻게 살아!"

선희는 할아버지를 붙잡고 엉엉 울기 시작했다.

"…… 울지 말거라. 선희야, 그리고 주희야. 죽는 것은 그렇게 슬픈 일이 아니란다. 이 할아비가 하늘에서 지켜 주마."

"할아버지! 돌아가시면 안 돼요!"

선희와 주희는 할아버지의 손을 꼭 잡아 드렸다. 그러나 할아버지의 손힘은 점점 빠지고 있었다.

"할아버지! 엉엉, 할아버지!"

"선희와 주희 모두 훌륭한 사람으로 자라야 한다. 그리고 어떤 일이 있어도 언제나 함께하렴. 끝까지 선희 너를 지켜 주지 못해 미안하구나."

선희와 주희는 끊임없이 흐느껴 울었다. 그리고 곧 할아버지는 편안한 표정으로 눈을 감으셨다.

점(占)의 도덕성

《주역》은 본래 점을 치기 위한 책이었습니다. 그러나 《주역》의 점은 이른바 점쟁이들이 복채를 받기 위하여 치는 점과는 근본적으로 다릅니다.

64괘를 대표하는 괘는 하늘을 상징하는 건괘(乾卦)와 땅을 상징하는 곤괘(坤卦)입니다. 곤괘 여섯 효 가운데서 '원길(元吉)' 즉 가장 길한 효로 판정받는 효는 다섯 번째인 5효입니다.

"곤괘의 다섯 번째 효는 황색 치마이니 크게 길할 것이다."

곤괘의 5효가 크게 길한 이유를 주자는 다음과 같이 설명합니다.

"황색은 가운데 색이고, 치마는 아래를 꾸미는 것이다. 곤괘 5효는 음효로서 존귀한 자리에 있고 중용과 순종의 미덕이 속에서 충만하여 밖으로 드러난다. 그러므로 그 상이 이와 같아서 그 점이 크게 길한 점이 된다. 하지만 점친 자의 덕이 반드시 이와 같아야 그 점도 또한 이와 같이 길할 것이다."

이 설명에서 우리가 주목해야 할 대목은 '점친 자의 덕이 이와 같아야 그 점도 또한 이와 같이 길할 것이다' 라는 부분입니다. 즉 점에는 '점친 자의 덕' 이라고 하는 도덕성이 중요하다는 것입니다.

주자는 이어서 다음과 같은 고사를 예로 들었습니다.

"춘추시대에 '남괴' 라는 사람이 장차 모반을 하려고 점을 쳤는데, 곤괘 다섯 번째의 효를 얻어 크게 길한 것으로 생각하였다. 그때 참모인 자복혜백이 말했다. '충(忠)과 신(信)과 같은 일은 가하지만 그렇지 아니하면 반드시 패배할 것입니다. 밖으로는 강하고 안으로는 따뜻한 것이 충이며, 조화를 이루어 올바름을 따르는 것이 신입니다. 그러므로 《주역》 곤괘 5효에서 황색 치마이니 크게 길하다, 라고 하였습니다. 황색은 가운데 색이며 치마는 아래를 꾸미는 것이며 크다는 것은 가장 선한 것입니다. 가운데가 충성스럽지 않으면 그 색을 얻을 수 없고 아래가 공손하지 않으면 그 꾸밈을 얻을 수 없고 일이 선하지 아니하면 그 극진함을 얻을 수 없습니다. 또한 역은 험한 것을 점칠 수 없습니다. 이 세 가지 가운데 하나라도 빠진다면 점을 친 것이 비록 합당하다 할지라도 안 됩니다.' 후에 남괴가 과연 패배하였으니 여기에서 점치는 법을 볼 수 있다."

이 구절은 아무리 길한 괘·효를 얻었다고 할지라도 점친 자의 도덕적 정당성이 결여될 경우, 도리어 흉이 될 수도 있다는 사실을 잘 알려 줍니다.

그 반대의 경우도 가능합니다. 예를 들어 봅시다.

　건괘 여섯 개의 효는 하나의 사건이 전개되는 과정을 잘 보여 주고 있습니다. 그 가운데 가장 어려운 처지를 상징하는 효는 3효와 4효입니다. 3·4효는 내괘(아래의 괘)가 끝나고 외괘(위의 괘)가 시작되는 전환기이며 둘 다 중용의 덕을 얻지 못했기 때문입니다. 그런데 4효보다도 3효가 더 어려운 상황입니다. 3효는 양효로서 양의 위치에 처해 있어 양이 겹쳐지기 때문에 양의 성질이 지나치게 강합니다. '지나치게 강하면 꺾인다'는 것이《주역》의 기본 입장입니다. 이와 같이 위태로운 상황에 처한 점자는 어떻게 해야 할까요?

　"건괘 세 번째 효는 군자가 종일토록 끊임없이 애를 써서 노력하고, 저녁이 되어도 자신이 잘못하지 않았을까 두려워하면 위태로운 상황에 처해 있으나 큰 허물은 없을 것이다."

　아무리 어려운 상황에 처한다고 해도 최선을 다하여 스스로 끊임없이 노력하고, 생각과 말과 행동이 잘못될까 경계하고 두려워하고 근심하고 삼가면 위기가 극복될 수 있다는 것입니다. 그러므로《주역》에는 절대적인 길도 흉도 없습니다. 아무리 길한 상황이 온다고 해도 도덕적으로 타락하고 자만하면 흉이 되고 아무리 흉한 괘나 효를 얻었어도 자신의 도덕적이고 주체적인 노력에 의하여 극복될 수 있는 것입니다.

에필로그

할아버지께

저 주희예요. 어떻게 지내고 계신가요? 저희 할아버지를 하늘에서 만나셨나요? 저희 할아버지는 건강하시지요? 헤헤.

저는 잘 지내고 있습니다. 벌써 6학년이 되었지요. 얼마 전 학교에서는 학생 회장 선거가 열렸어요.

"학생 회장이라면 당연히 이주희가 되어야지!"

"이주희 만세!"

저는 친구들의 응원 덕분에 세리초등학교의 학생 회장으로 당선되었답니다. 그러나 친구들의 응원 덕분만은 아니에요. 두 분의 할아버지가 언제나 제 곁을 지켜 주고 계시기 때문이죠.

아, 선희요?

선희도 자주 할아버지께 편지를 쓰던데 못 받으셨나요?

선희와 저는 여전히 친해요. 물론 함께 사니까 다툴 일도 많지만, 쌍둥이 자매처럼 서로 생각하는 것도 비슷해지고 옷 입는 것도 비슷해졌어요. 헤헤, 이제 어딜 가도 우리를 진짜 쌍둥이 자매라고 본답니다.

부모님께서도 엄청 좋아하세요. 선희처럼 착한 딸을 얻었다고요.

요즘엔 저보다 선희를 더 챙기신답니다! 가끔 샘을 내며 토라지는 척도 하지만 사실은 기분이 좋아요.

선희도 이제 완전히 건강해져서 일요일이면 저와 누가 더 빨리 달리나, 자전거 시합을 벌인답니다. 얼마 전에는 100m 달리기 경주에서 제가 졌어요. 선희가 너무 좋아하는 바람에 저는 졌는데도 신이 나서 같이 웃어 버렸답니다.

학교에서는 이제 한 달에 한 번씩 벼룩시장 행사를 열어요. 물론 행사의 목적은 불우 이웃 돕기지요! 이 행사는 다른 학교에도 널리 알려져서 이제 행사 날이면 다른 학교 학생들까지 구경하러 온답니다.

할아버지, 이런 제가 자랑스러우시다고요?

선희를 잘 보살펴 주어서 너무 고마우시다고요?

헤헤, 아니에요. 제가 더 고마워요, 할아버지. 할아버지 덕분에 이렇게 좋은 친구를 얻었는걸요. 그리고 할아버지에게 너무나도 많은 것을 배웠어요. 저는 요즘도 할아버지가 제 곁을 언제나 지켜 주고 계신 것만 같아요.

저는 이제 《주역》을 눈 감고도 외울 수 있답니다. 하지만 아직 완전히 이해할 수는 없어요. 생전의 저희 할아버지가 그러셨던 것처럼요. 포기하지는 않을 거예요. 평생을 옆에 두고 공부할 겁니다.

가끔 《주역》 책을 만져 보면 할아버지 두 분의 냄새가 나요. 저 역시 할아버지들처럼 이 《주역》 책을 보물처럼 아끼게 됐어요.

할아버지!

제가 할아버지의 점을 봐 드릴까요? 헤헤.

할아버지에게는 앞으로 좋은 일만 가득할 거예요. 할아버지의 두 손녀가 아주 훌륭한 일을 많이 할 거거든요. 주희와 선희 우리 둘은 할아버지들처럼 훌륭한 학자가 될 거예요!

그럼 이만 짧은 편지를 마치겠습니다.

저희 할아버지께도 안부 전해 주세요.

2006년

이주희 올림

통합형 논술
활용노트

01 학교 벼룩시장 행사에서 점을 보던 주희는 화장실에서 깜빡 잠이 들었다가 꿈을 꾸게 됩니다. 여러분은 주희의 꿈속에 나온 '오늘만 있는 나라'의 문제점이 무엇이라고 생각하나요? 다음 글을 읽고 생각나는 대로 적어 보세요.

> "하하, 그래. 어떤 꿈인지 한번 들어 보자꾸나."
> 주희는 스스로도 믿지 못하겠다는 표정으로 말을 하기 시작했다.
> "사실 꿈은 꿈인데, 꿈이 아닌지도 모르겠어요. 헤헤, 무슨 이상한 말이냐고요? 꿈인데 너무 생생했거든요. 그래서 저는 아직도 단순한 꿈만은 아닌 것 같아요. 사실 꿈에서 '오늘만 있는 나라'에 갔었답니다. 그 나라 사람들은 어제도 내일도 중요하지 않대요. 그래서 너무나도 가난했어요. 아이들이 배가 고파서 우는 데도 사람들은 일할 생각을 하지 않아요. 그날 하루만 무사히 넘기면 되니까요. 과거에 있었던 일들도 기록해 두지 않아서 시행착오만 겪어야 하는 그 사람들이 너무 불쌍했어요. 그러다가 배가 고파서 뭐라도 먹으려고 숲으로 가던 중 갑자기 꿈에서 깨어난 거예요."

02 옛날 사람들이 《주역》을 찾는 이유는 무엇이었나요? 책을 잘 읽어 본 후 적어 보세요.

03 우리가 교과서를 공부할 때 참고하는 책이 전과이듯이 《주역》을 공부할 때 참고하는 책은 《십익》이라고 합니다. 《십익》이 어떤 책인지 생각나는 대로 적어 보세요.

04 다음 글을 읽고 글 속의 밑줄 그은 문제에 대해 답해 보세요.

> 옛날 사람들도 이렇게 끊임없이 변화하는 자연에 많은 관심을 가졌습니다. 그리고 그 자연의 변화를 미리 알기 위해 계속 노력했지요. 그래서 《주역》이 생겨난 것이랍니다.
>
> 더 자세히 이야기해 볼까요?
>
> 고대 중국인들은 홍수, 가뭄, 흉년, 풍년, 질병 등의 자연 현상과 인간의 모든 문제를 옥황상제가 지배한다고 생각했어요. 재밌지요?
>
> 그러므로 무슨 일을 하든지 옥황상제의 뜻을 알지 않으면 안 되었지요. 그래서 옥황상제의 뜻을 아는 방법으로 바로 점을 친 겁니다.
>
> 하지만 오늘날에는 과학이 발달하고 자연을 합리적으로 해석할 수 있게 되었지요. 그런데도 불구하고 현대인들은 아직까지 점을 봐요. 또한 《주역》도 점 보는 책으로 오늘날까지 전해 오고 있어요. 그 이유는 무엇일까요?

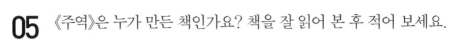

05 《주역》은 누가 만든 책인가요? 책을 잘 읽어 본 후 적어 보세요.

06 대부분 점을 치는 사람들은 미래의 일이 정해져 있다고 생각합니다. 여러분은 여러분의 미래가 정해져 있다고 생각하나요? 여러분의 생각을 자유롭게 적어 보세요.

통합형 논술
문제풀이

01 사람은 과거를 토대로 미래에 대한 계획을 세워야 합니다. 과거가 없는 현재와 미래는 없기 때문입니다. 그런데 '오늘만 있는 나라'의 사람들은 미래에 대한 아무런 계획도 세우지 않고, 과거에 대한 아무런 반성도 없이 오로지 오늘 하루를 사는 데 급급합니다. 과거에 저질렀던 실수를 고치지 않고 아무런 대책 없이 되풀이하면 계속해서 제자리만을 맴돌 뿐 발전 없는 삶이 될 것입니다. 《주역》에서 이야기하는 자세도 이와 같습니다. 미래를 예측하여 그에 적합한 행동을 정하는 것이 《주역》에서 점을 치는 목적이라고 할 수 있습니다.

02 인간의 지혜가 아직 발달하지 않은 중국 고대 나라에서는 기후, 지진, 일식 등 자연 변화와 질병, 전쟁, 왕조의 교체 등 인간사를 초자연적 절대자인 옥황상제가 지배한다고 생각하였습니다. 그래서 농사를 짓거나 전쟁을 일으킬 경우에 옥황상제의 뜻을 미리 알아보기 위한 방법으로 점을 본 것입니다. 점은 그렇게 기후를 예측하고 그에 적절한 대비를 마련하기 위한 도구로 사용되었습니다. 그러나 인간의 지혜가 점점 발달하면서 자연의 변화에 일정한 질서가 있다는 것을 깨닫기 시작했고 더 이상 옥황상제의 뜻을 묻는 점을 치지 않고도 미리 날씨의 변화를 알 수 있게 되었습니다. 그래서 그 후로 《주역》은 자연이 어떤 질서를 갖고 변화하는지 알아내기 위한 방향으로 변화하였습니다.

03 《십익》은 중국의 춘추전국시대에서부터 한나라 초기에 이를 때까지 학자들이 다양한 사상을 정리해서 펴낸 《주역》의 해석서입니다. 중국 역사상 가장 중요한 경제 사회적 질서 및 사상의 변화가 일어나는 변혁기였던 당시에는 일상생활에도 커다란 변화가 일어나서 소로 농사를 짓기 시작했고 상공업이 발달하여 화폐가 유통되었습니다. 이렇게 경제가 발전하자 이를 효과적으로 통제하기 위해 중앙 집권적인 정치 통일이 이루어졌고 이 같은 정치의 통일은 사상의 통일을 요

구하였습니다. 그리하여 유가는 자신들의 사상을 체계적으로 이론화하기 시작했고 그 대표적인 문헌 중의 하나가 바로 《십익》입니다.

04 우리는 어떤 행동을 하려고 할 때, 우선 '어떻게 해야 좋은 결과가 나올 수 있을까?' 라는 것을 판단해야 하는데 자기 혼자 아무리 생각해도 올바른 판단을 내릴 수 없는 경우엔 자기보다 판단력이 뛰어난 사람에게 물어보게 됩니다. 하지만 사람들에게 아무리 물어보아도 판단을 내릴 수 없는 경우가 있습니다. 이와 같이 인간의 한계를 넘어서는 문제들에 부딪혀 어쩔 수 없는 상황이 되었을 때, 인간은 점에 의지하게 됩니다. 어쩌면 어머니의 조언보다 때로는 좋은 점괘가 훨씬 더 인간에게 많은 도움과 정신적인 편안함을 줄 수도 있습니다. 하지만 유교에서 《주역》을 인정했듯이 《주역》은 단순히 미신을 섬기는 책은 아닙니다.

05 《주역》은 특정한 시대에 몇몇 개인이 지은 것은 아닙니다. 적어도 천 년 이상의 세월을 두고 여러 천재들이 조금씩 만들고 보완한 것입니다. 복희씨, 문왕, 주공이라는 사람 등이 《주역》을 지은 사람으로 알려져 있으며 그중에 복희씨가 황허 강에서 나온 용마의 등에 있는 도형을 보고 계시를 얻어 천문의 지리를 살피고 만물의 변화를 고찰하여 처음 8괘를 만들고, 이것을 더 발전시켜 64괘를 만들었다는 설이 가장 많이 전해 내려옵니다. 그러나 이것 역시 정확한 것은 아니며 《주역》의 정확한 작자에 대한 의견은 아직도 분분합니다.

06 점을 믿는 사람들은 대개 자신들의 앞날이 이미 운명처럼 정해져 있다고 생각합니다. 하지만 《주역》의 사상에서 보면 사람의 미래는 스스로의 노력과 행동에 따라 다른 결과를 가져옵니다. 《주역》을 점치는 책으로 생각하는 사람들은 자기의 이익만을 위해 점을 치기 때문에 그 동기가 선하지 않습니다. 《주역》은 인

류의 정신문화 유산이며 우주의 원리를 담고 있는 책입니다. 우리는 지나간 역사를 연구하여 오늘의 자신을 잘 알고 문제를 해결하는 데 도움을 얻고자 합니다. 《주역》 역시 스스로 반성하고 경계하는 윤리서로 해석하여 오늘을 대처하고 준비하는 자세를 갖는 데 도움을 얻고자 하는 태도로 읽어야 할 것입니다.

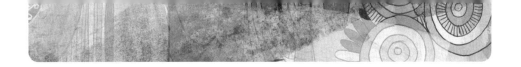